围棋速成：
入门与提高

（提高篇）

韩燕岭 吴秉铁 著

化学工业出版社

·北京·

图书在版编目（CIP）数据

围棋速成：入门与提高. 提高篇/韩燕岭，吴秉铁著. —北京：化学工业出版社，2017.7（2019.8重印）
ISBN 978-7-122-29754-9

Ⅰ.①围… Ⅱ.①韩…②吴… Ⅲ.①围棋　基本知识　Ⅳ.①G891.3

中国版本图书馆CIP数据核字（2017）第108899号

责任编辑：史　懿　　　　　　　　　装帧设计：刘丽华

出版发行：化学工业出版社（北京市东城区青年湖南街13号　邮政编码100011）
印　　装：三河市延风印装有限公司
710mm×1000mm　1/16　印张14$\frac{1}{2}$　字数268千字　2019年8月北京第1版第3次印刷

购书咨询：010-64518888　　　　　　　　售后服务：010-64518899
网　　址：http://www.cip.com.cn
凡购买本书，如有缺损质量问题，本社销售中心负责调换。

定　　价：39.00元　　　　　　　　　　　　　　　　　　版权所有　违者必究

前言
FOREWORD

围棋历史悠久，是我国传统文化瑰宝之一，为广大人民群众所喜爱。

下围棋不但可以培养人们的思维能力，更可以增进人与人之间的友谊，是一项益智、健康、高尚的文体活动。近年来，随着我国棋手综合能力的迅速提升，多次在世界大赛中获得优异成绩，围棋热在我国再掀高潮，特别是网络围棋的兴起吸引了众多爱好者在茶余饭后"杀上一盘"。

本书着重讲解各种实战攻防着法，死活棋形应用，实战中常用的分断、连接方法，气数计算及对杀技巧，布局、定式选择，高级官子应用等。并给出适量的习题，使读者在学完本书之后，能够掌握围棋的各项基本技术，具备一定的计算能力。根据初学者的对局实例，从实际出发，详细剖析对局的得失，有效地提高初学者实战水平。

本书在写作过程中得到了邢印达、郭长岭、蔡衍、崔文雅、张铁良、韩爽、伏丽梅、韩同兴、董琳、韩冬、王治国、韩文利、李元涛、富瑞萍、吴炳雪等人的帮助和支持，在此深表感谢。

如果读者朋友们能够通过学习本书提高棋艺，感受到黑白世界的无穷魅力，我将感到莫大的欣慰！

韩燕岭
2017年4月

目录 CONTENTS

第一章 攻防着法 / 001

第一节　冲、挡、断、接 / 001
第二节　扳、连扳、虎、双虎 / 002
第三节　点、长、立 / 003
第四节　挖、夹 / 007
第五节　飞封、跳封 / 011
单元练习一 / 014
参考答案 / 017

第二章 棋形 / 020

第一节　棋形的重要性 / 020
第二节　好形 / 021
第三节　完善己方的棋形 / 024
第四节　破坏对方的棋形 / 026
第五节　实战中的棋形 / 031
单元练习二 / 038
参考答案 / 040

第三章 死活棋形 / 043

第一节　常见的死活棋形 / 043
第二节　盘角曲四 / 046
第三节　板六的各种棋形 / 048
第四节　大猪嘴、小猪嘴 / 052
单元练习三 / 054
参考答案 / 056

第四章　连接与分断 / 058

第一节　粘连接、虎连接 / 058
第二节　飞连接、跳连接 / 061
第三节　双连接、双虎连接 / 063
第四节　冲断、扳断 / 065
第五节　利用打吃分断、尖断 / 067
第六节　挖断、扭断、跨断 / 068
第七节　被断后的处理方法 / 071
单元练习四 / 082
参考答案 / 085

第五章　渡过 / 087

第一节　尖过、跳过 / 087
第二节　飞过、夹过 / 091
第三节　扳过、挤过 / 094
第四节　托过、巧过 / 097
单元练习五 / 100
参考答案 / 102

第六章　对杀知识 / 104

第一节　有眼杀无眼 / 104
第二节　长气杀短眼 / 107
第三节　大眼杀小眼 / 111
第四节　计算大眼的气数 / 115
单元练习六 / 124
参考答案 / 126

第七章 打劫的常识 / 129

第一节 劫的种类 / 129
第二节 劫的运用 / 132
单元练习七 / 136
参考答案 / 137

第八章 三种常用布局 / 138

第一节 三连星布局 / 138
第二节 低中国流布局 / 145
第三节 小林流布局 / 152
单元练习八 / 159
参考答案 / 162

第九章 定式 / 165

第一节 小目高挂定式 / 165
第二节 小目低挂定式 / 169
第三节 三·三定式 / 172

第十章 官子知识 / 175

第一节 计算官子的大小 / 175
第二节 官子类型 / 178
第三节 常见的几种官子 / 181
第四节 利用打劫收官 / 187
单元练习十 / 190
参考答案 / 191

第十一章 实战对局讲解 / 193

第一局 厚势围空的危害 / 193
第二局 棋局主线清晰的一局 / 203
第三局 棋形结构牢固的一局 / 213

综合练习题 / 220

参考答案 / 223

第一章　攻防着法

下围棋就像打仗一样，攻击和防守都非常重要。下面我们就学习一些攻防的着法。

第一节　冲、挡、断、接

【例1】如图1-1，黑1下在两个白子中间叫作"冲"。

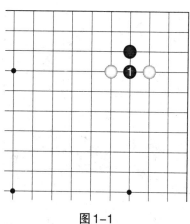

图1-1

如图1-2，黑1冲后，白2在黑1的前面下一子叫作"挡"。

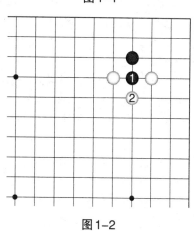

图1-2

如图1-3，黑1冲，白2挡，黑3叫作"断"。

如图1-4，当黑1冲、白2挡后，图中A、B两点都叫作"断点"。

如图1-5，当黑3断后，白4叫作"接"，也叫作"粘"或"连"。

以上这四步棋是围棋中常用的攻防着法。

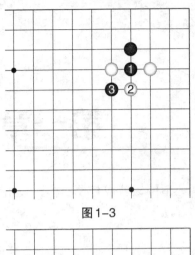

图1-3

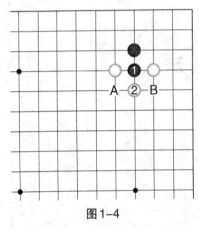

图1-4

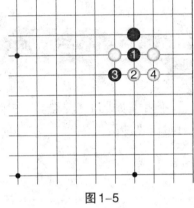

图1-5

第二节 扳、连扳、虎、双虎

【例2】如图1-6，当黑白双方两子靠在一起时，黑棋如何下？

如图1-7，黑1叫作"扳"，扳住白棋的头，有句棋谚叫作"二子头必扳"。

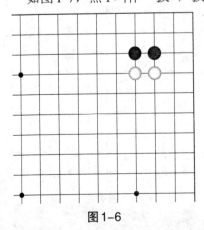

图1-6

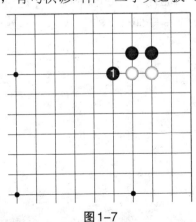

图1-7

如图1-8，黑1扳，白2也扳，黑3再扳，叫作"连扳"。
如图1-9，黑3连扳后，白4长，黑棋如何下？

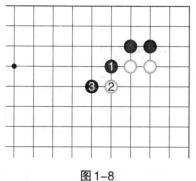

图1-8

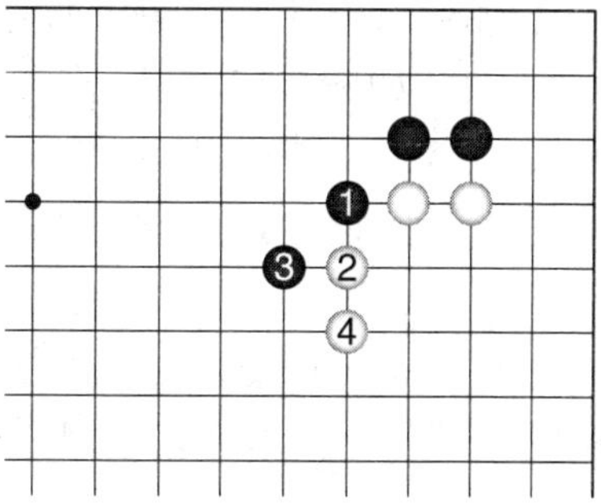

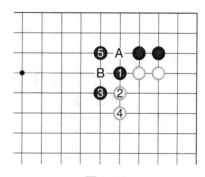

图1-9

如图1-10，黑5叫作"虎"，但A处出现了断点，黑棋不好。
如图1-11，黑棋应下在黑5处，这样走出现A、B两个虎口，叫作"双虎"。

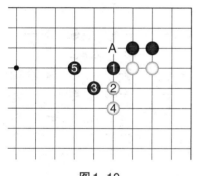

图1-10

图1-11

第三节 点、长、立

【例3】如图1-12，黑1下在白棋星位角的"三·三"，叫作"点"，也叫"点三·三"。

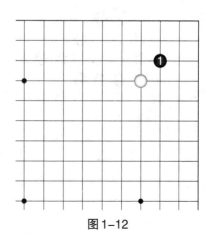

图1-12

【例4】如图1-13，黑1点（黑1也可在C位点）是此时严厉的下法，下一手在A位、B位都有"渡过"，黑1（黑C）也叫作"透点"。

【例5】如图1-14，黑棋如何点死白棋？

失败：如图1-15，黑1点，白2粘，黑3扳，白4扑，黑5提，白6打吃，黑棋"接不归"，白棋活了。

正解1：如图1-16，黑1透点是妙手，白2挡，黑3断，白棋被杀死。

正解2：如图1-17，黑1透点时，白2如虎，黑3退，白4粘，黑5点，白棋被点死。

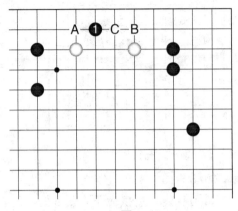

图1-13

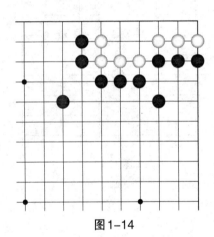

图1-14

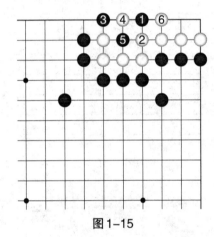

图1-15

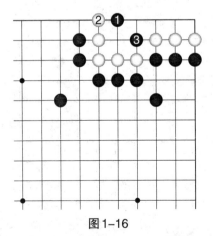

图1-16

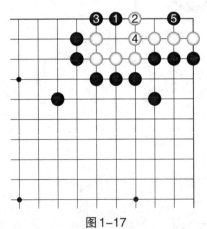

图1-17

正解3：如图1-18，黑1透点时，白2虎，黑3退，白4如做眼，则黑5扑，是此时绝妙的好手，这种下法也叫作"老鼠偷油"。

【例6】如图1-19，黑1向上走（以棋盘的中央为上）叫作"长"。

图1-20，黑1向下走（以"边"的方向为下）叫作"立"，也叫作"下立"。

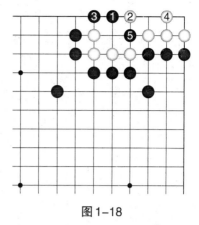

图1-18

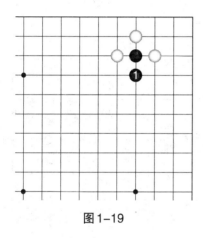

图1-19

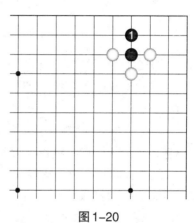

图1-20

立是围棋中常用的手段，尤其在边、角，可以得到意想不到的收获。

【例7】如图1-21，白棋似乎已经活了，黑棋还有办法杀掉白棋吗？

失败：如图1-22，黑1打吃，白2粘，黑3提，白4正好做活，黑棋失败。

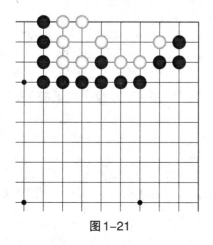

图1-21

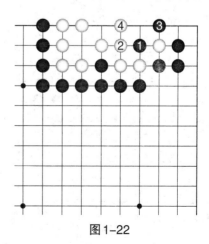

图1-22

正解：如图1-23，黑1打吃，白2粘，黑3立是妙手，叫作"金鸡独立"，白棋A、B两点都不入气，即两边不入气。

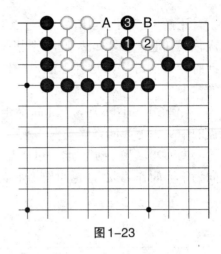

图1-23

【例8】如图1-24，黑❶一子被白棋断开，黑棋如何利用角上的特殊性吃掉白▲三子？

失败：如图1-25，黑1立，白2扳，黑3紧气，白4打吃，黑棋不行。

正解：如图1-26，黑1立，方向正确，白2扳，黑3紧气，白棋A、B两点不入气，白▲三子被吃。

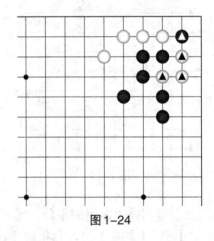

图1-24

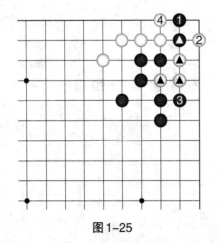

图1-25

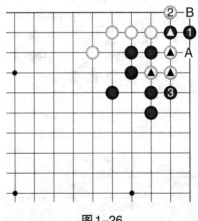

图1-26

【例9】如图1-27，黑棋如何杀掉白▲四子？

失败1：如图1-28，黑1紧气，白2打吃。黑棋明显不够气。

失败2：如图1-29，黑1虎，白2打吃，黑3粘，白4紧气。黑棋也不行。

正解：如图1-30，黑1立是好棋，白2紧气，黑3扳，白4打吃，黑5粘，白6打吃，黑7提，由于A位白棋不入气，白棋被杀。

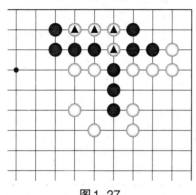

图1-27　　　　　　　　　　　　图1-28

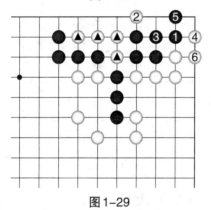 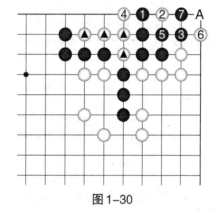

图1-29　　　　　　　　　　　　图1-30

第四节　挖、夹

【例10】如图1-31，黑1下在两个形成"跳"的形状的白子中间，并且没有与其他黑子相连，则黑1叫作"挖"。

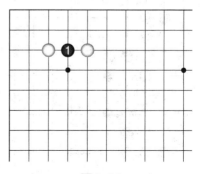

图1-31

【例11】如图1-32，黑1下在两块白棋之间，形成"挖"的棋形，也叫作"挖"。

挖在围棋中是一种非常巧妙的着法，无论是吃子、死活还是对杀都能用到。

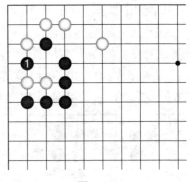

图1-32

【例12】如图1-33，黑棋如何救出黑⚫二子呢？

正解：如图1-34，黑1挖是关键，白2打吃，黑3不要粘，应断吃，出现了"倒扑"。请大家想一想，如果白2在A位打吃，黑棋又该怎样下？

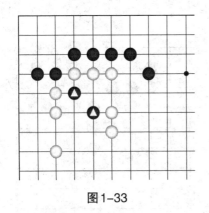

图1-33

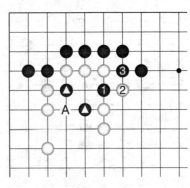

图1-34

【例13】如图1-35，黑棋如何吃掉白棋？注意利用黑⚫子。

正解1：如图1-36，黑1挖是妙手，白2打吃，黑3长，白4打吃，黑5弯，白6粘，黑7吃，形成"倒扑"。白棋被吃。

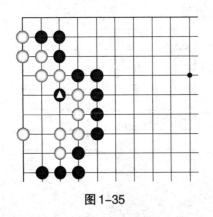

图1-35

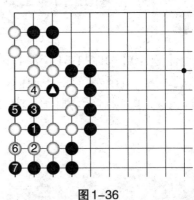

图1-36

正解2：如图1-37，黑1挖，白2里边打，以下黑3粘，白4粘，黑5点，好棋！白6粘，黑7粘，形成直三，白棋被杀。

【例14】如图1-38，黑棋如何救出黑❶三子呢？

正解：如图1-39，黑1挖是好棋，白2打吃，黑3长，白棋无论在哪边粘，都出现了接不归。

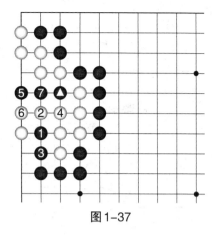

图1-37

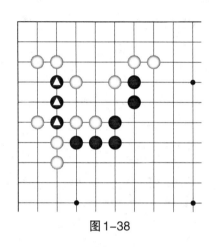

图1-38

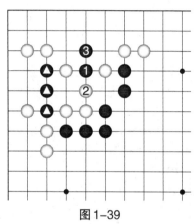

图1-39

【例15】如图1-40，黑子和白子靠在一起时，黑1下在白子的另一边，叫作"夹"。

【例16】如图1-41，黑棋怎么下才能吃白棋的子？

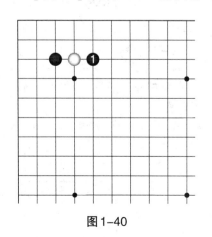

图1-40

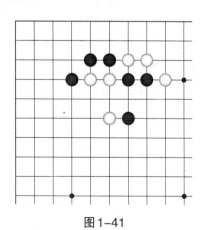

图1-41

失败：如图1-42，黑1挖打，白2挡，黑棋无计可施，失败。

正解：如图1-43，黑1夹正确，以下白A则黑B，白B则黑A，白▲二子被吃。

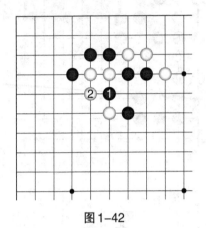

图1-42

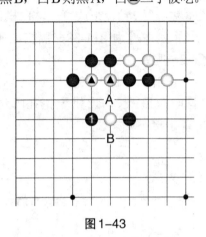

图1-43

【例17】如图1-44，黑棋如何利用黑▲二子在角上做活？

失败：如图1-45，黑1爬不好，白2拐，黑棋做不成两只眼，被杀。

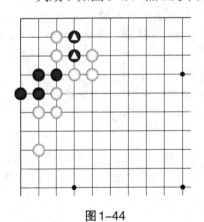

图1-44

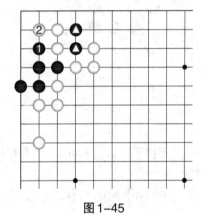

图1-45

正解：如图1-46，黑1夹是正确下法，白棋不能在3位冲，只好在2位打吃，黑3打吃，白4提，黑5立，黑棋做成活棋。

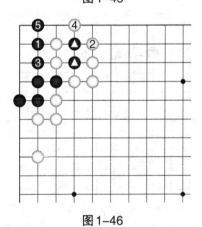

图1-46

【例18】如图1-47，黑棋如何杀掉白棋？

失败：如图1-48，黑1扳，俗手，白2弯，黑3爬，白4立，活棋。

正解：如图1-49，黑1夹严厉，白2粘，黑3渡后，白棋做不出两只眼，被杀。其中，黑1夹是杀棋的要点。

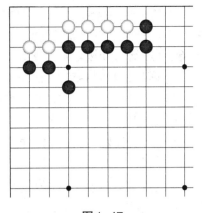

图1-47

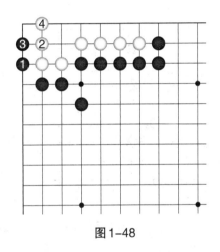

图1-48

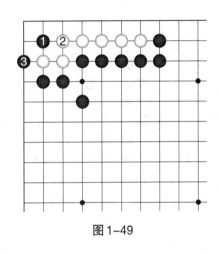

图1-49

第五节　飞封、跳封

1. 飞封

【例19】如图1-50，飞封与枷吃有什么区别，黑棋如何吃掉白▲三子呢？

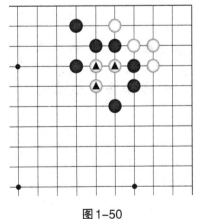

图1-50

失败：如图1-51，黑1如简单枷住白▲三子，则白2冲，黑3挡后，白棋利用4、6、8打吃向外逃，顺利逃出。

正解1：如图1-52，黑1小飞，这步棋叫作"飞封"，白2冲，至黑9打，成倒扑，白棋被吃。

正解2：如图1-53，如果白2尖，则黑3扳，白4扳，黑5断，白棋同样逃不出去。

由此可见，飞封比枷吃虽然远了一路，却能吃掉白棋。围棋有一句谚语叫"攻棋要松，吃棋要紧"。

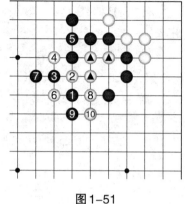

图1-51

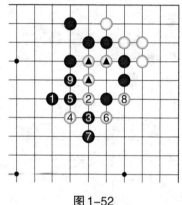

图1-52

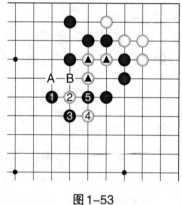

图1-53

【例20】如图1-54，黑棋如何吃掉白▲数子？

如图1-55，黑棋无论在A、B两点哪边长，都吃不掉白棋，如果黑棋下在A点，白棋则下在B点；或者黑棋下在B点，白棋则下在A点，这样，白棋出现了A、B两点必得其一的情况。

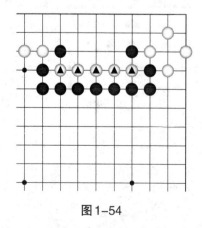

图1-54

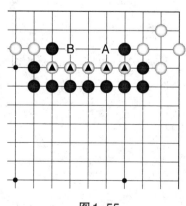

图1-55

正解：如图1-56，黑1飞封是绝妙的好点，白2打吃，黑3立，白4再打吃，黑5再立，白棋被杀。其中，黑1的着法就是所谓的"左右同形走中间"。

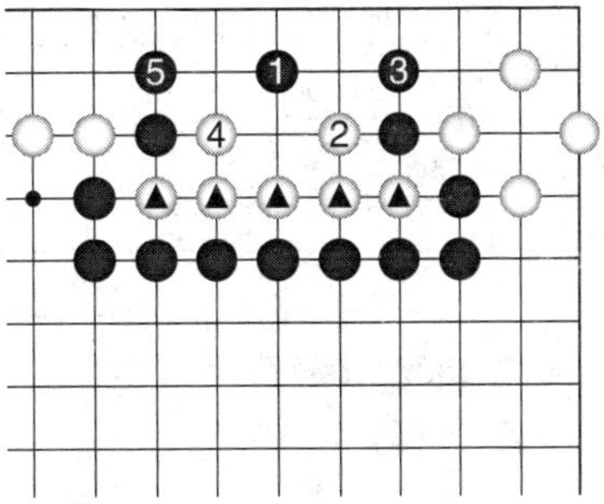

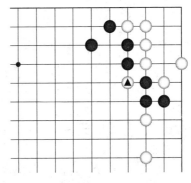

图1-56

2. 跳封

【例21】如图1-57，黑棋如何吃掉白▲这颗重要的棋子？

失败：如图1-58，黑1打吃，白2长，黑3再打吃，白4再长，如利用"征子"，是不能吃掉白棋的。

正解：如图1-59，黑1跳封是正确下法，白2长，黑3扳，以下至黑5，白棋被吃掉，这种方法也叫作"软征"。

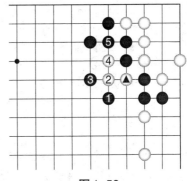

图1-57

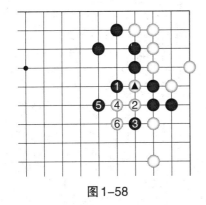

图1-58

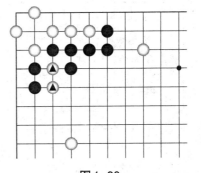

图1-59

【例22】如图1-60，黑棋如何吃掉白▲二子？

图1-60

失败：如图1-61，黑1打吃，白2长，以下至白8，黑棋是吃不掉白棋的。

正解：如图1-62，黑1打吃，白2长，黑3跳封是好棋，以下至黑5，白▲二子被吃掉。

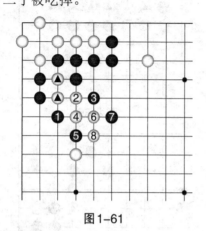

图1-61

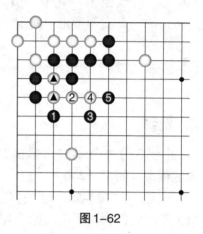

图1-62

单元练习一

黑先，以下棋形怎么下最好？注意有标记的棋子。

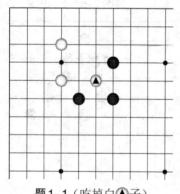

题1-1（吃掉白▲子）

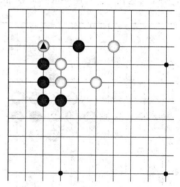

题1-2（吃掉白▲子）

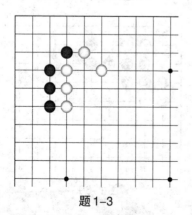

题1-3

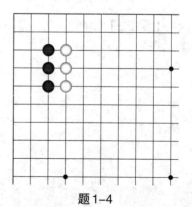

题1-4

第一章 攻／防／着／法

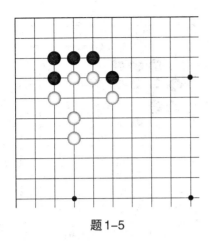

题 1-5

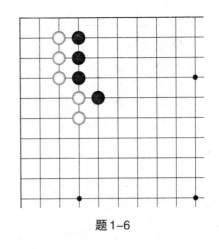

题 1-6

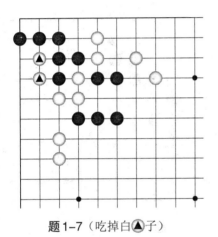

题 1-7（吃掉白▲子）

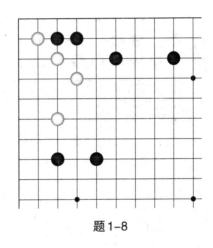

题 1-8

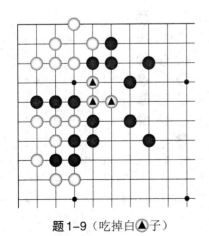

题 1-9（吃掉白▲子）

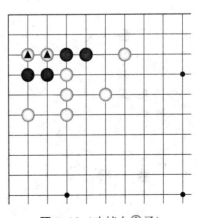

题 1-10（吃掉白▲子）

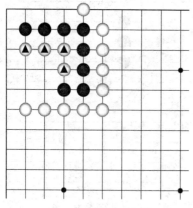

题1-11（吃掉白▲子）

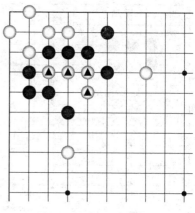

题1-12（吃掉白▲子）

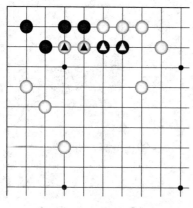

题1-13（吃掉白▲子）

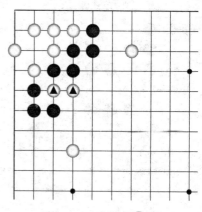

题1-14（吃掉白▲子）

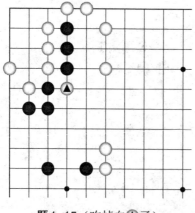

题1-15（吃掉白▲子）

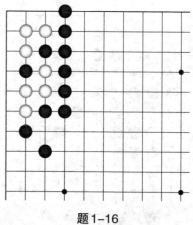

题1-16

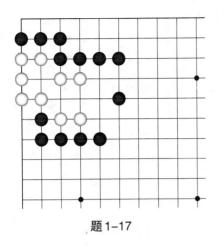

题 1-17

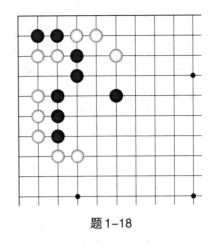

题 1-18

攻/防/着/法

参考答案

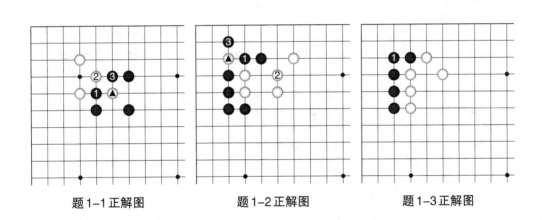

题 1-1 正解图　　　题 1-2 正解图　　　题 1-3 正解图

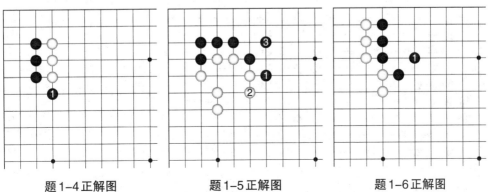

题 1-4 正解图　　　题 1-5 正解图　　　题 1-6 正解图

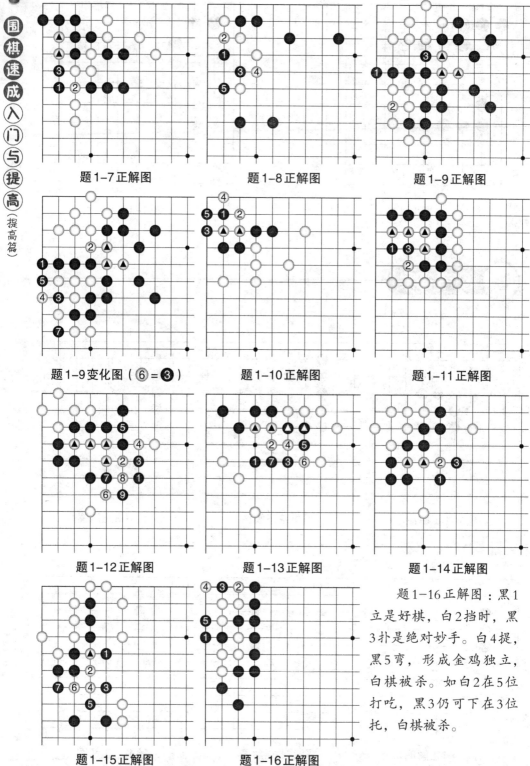

题1-16正解图：黑1立是好棋，白2挡时，黑3扑是绝对妙手。白4提，黑5弯，形成金鸡独立，白棋被杀。如白2在5位打吃，黑3仍可下在3位托，白棋被杀。

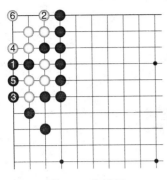

题1-16失败图

题1-16失败图：黑1立，白2挡。黑3如打吃，白4打吃，黑5提，白6做活，黑棋仅吃白棋四子，黑棋失败。

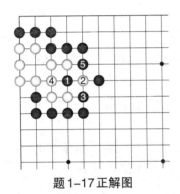

题1-17正解图

题1-17正解图：黑1挖，白2打吃，黑3双打吃，白4提，黑5破眼，白棋不活。

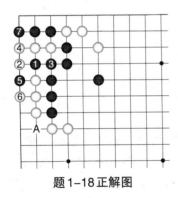

题1-18正解图

题1-18正解图：黑1挖，白2打吃，黑3粘，白4粘，黑5扑，白6提，黑7打吃，由于A位有断，白棋出现了接不归。

第二章 棋形

第一节 棋形的重要性

大家都知道，我们做任何一种游戏，都有姿势问题。如打乒乓球，动作协调、规范，姿势正确是打好球的基础。下围棋也不例外，棋形的美与丑是判断棋子效率的关键，也是下好围棋的关键，可见棋形的重要性。请大家看实例。

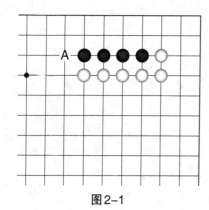

图2-1

【例1】如图2-1，四个黑子快被白棋包围了，黑棋在A位还有出路。黑棋和白棋的棋形都很完整，姿势也比较美。

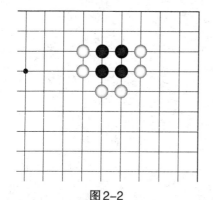

图2-2

【例2】如图2-2，如果图2-1的黑棋变成这样，白棋外围同样是六个子，就可以将黑棋围住。黑棋的棋形不美，团在一起，效率低。

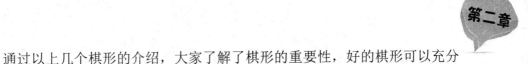

通过以上几个棋形的介绍，大家了解了棋形的重要性，好的棋形可以充分发挥棋子的作用，棋形生动、美观；而不好的棋形，棋子的作用就无法发挥，棋形呆板、凝重。因此，我们下棋时一定要注意棋的形状、形态，只有这样才能下出高效率的棋。

第二节　好形

什么是好形？凡是子与子之间配合严紧、协调一致、子力作用发挥充分的棋形就是好形。棋形好，攻击性和防守性都好，正所谓"进可攻，退可守"，下面介绍几种常见的好形。

【例3】如图2-3，黑1跳，好形！术语称为跳方，黑棋几个子组成一个堡垒，故也称"堡垒形"，是围棋中防守的好形。

【例4】如图2-4，黑1虎，好形！黑棋虎住白棋二子的头，黑棋联络完整，白棋被黑棋包围，黑棋所有棋子都充分发挥了作用。

【例5】如图2-5，三个黑子有危险，需要快跑。黑1跳，好棋！黑1既要保持和三个黑子的联络，同时逃跑的速度要快，好形。

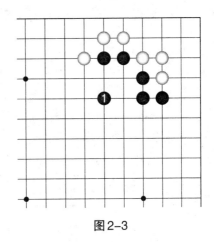

图2-3

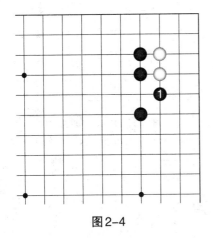

图2-4

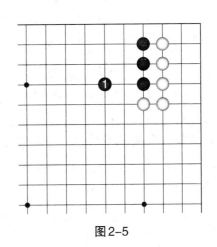

图2-5

【例6】如图2-6，白▲子刺时，黑1双，好形！将来可以在A位扳或B位跳出头，黑棋两点必得其一。

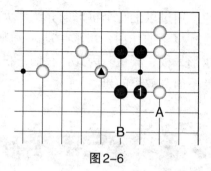

图2-6

【例7】如图2-7，白▲子扳，A位要门吃黑棋，黑1跳，好形！既防止被门吃，又向外出头，黑棋形状完整。请大家记住：通常情况下，遇见门吃的时候，都要用跳来防范。这也是跳方的一种。

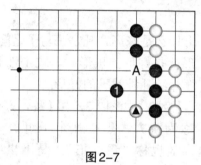

图2-7

【例8】如图2-8，黑1连扳，是攻守兼备的好手！由于黑棋有A位的双吃，所以白棋只能先防守，黑棋可以顺利逃出。

如图2-9，当黑▲子扳时，白1粘，是防守的好形！黑2长，既出头又补断，棋子的作用得到了充分的发挥，黑棋好形。

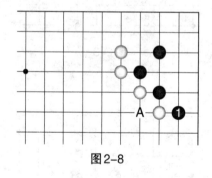

图2-8

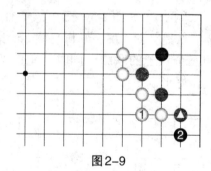

图2-9

【例9】如图2-10，黑1扳，是进攻的好形！扳住白棋二子的头，白棋立即有危险，有快被黑棋围住的感觉。像这样扳二子头是围对方常用的手段。

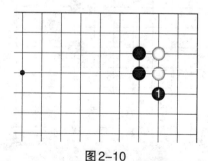

图2-10

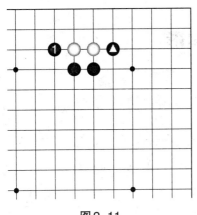

【例10】如图2-11，黑1扳，好形！由于有黑▲子的配合，白棋二子就像被钳子卡住一样，不便行动。这就是"二子头两头扳"，黑棋好形。

图2-11

【例11】如图2-12，黑棋三子被攻，两边的白棋比较强大，黑1是此形最佳的出头方式。黑1和黑▲二子组成的棋形俗称"猴脸"，猴脸是逃跑时经常用到的棋形。

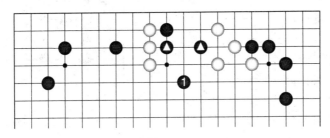

图2-12

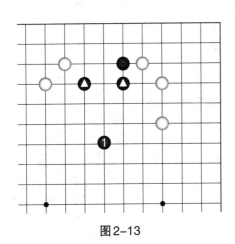

【例12】如图2-13，黑棋三子受到白棋的攻击，在边上已经无法活棋。黑1出头，好棋！黑1与黑▲二子形成双大飞，俗称"马脸"，因其比猴脸大些，故也称"大猴脸"，这个棋形也是逃跑时经常用到的。

图2-13

以上简单地介绍了几种实战中常见的好形，还有很多好形会在以后的章节中介绍。随着大家围棋水平的提高，会认识很多的好形，也能下出很多的好形，希望大家努力！

第三节　完善己方的棋形

棋子能否发挥作用，关键看棋形的好坏，好的棋形可以充分发挥每个棋子的作用，做到攻守兼备。

【例13】如图2-14，黑先，哪块黑棋棋形不完整呢？

正解：如图2-15，黑1跳方，好棋！只此一着，黑棋的棋形完美了，有眼形，出头畅，有战斗力。

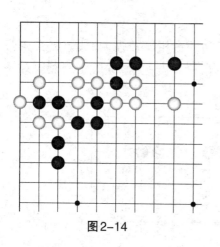

图2-14

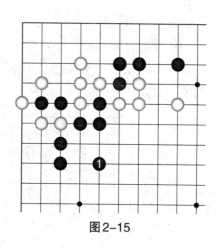

图2-15

【例14】如图2-16，黑先，这是白棋点三·三的变化，黑棋有A、B两个断点，怎么补呢？

失败：图2-17，黑1粘，错误！黑1和黑▲二子形成了形状呆板、效率低下的"愚形三角"。黑棋棋形不美。

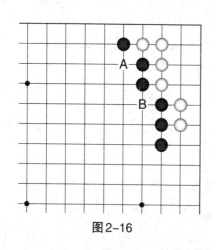

图2-16

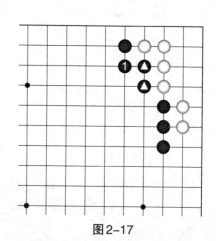

图2-17

正解：如图2-18，黑1虎，正着。既能补断，棋形又美。黑棋B位的断也不成立了，变化见下图。

变化：如图2-19，白1断，黑2打吃，白3长，即使黑棋征子不利，黑4封，好棋！以下至黑10双方必然，黑棋利用滚打将白棋吃死。以后，白棋若在2位粘，黑棋在A位吃，白棋被杀。

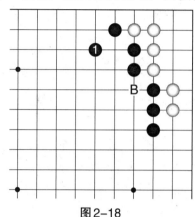

图2-18

图2-19

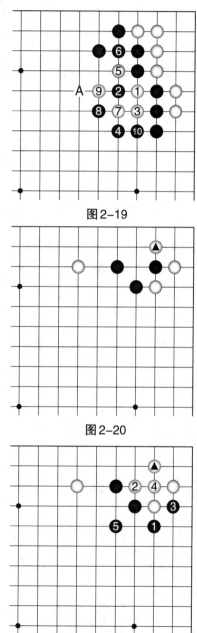

【例15】如图2-20，黑先，实战中白△子打吃，黑棋该怎么办呢？

失败：如图2-21，黑1连，不好！黑棋四子成为愚形，白2长后，黑棋还将受到白棋的攻击。黑1是不能考虑的下法。

正解：如图2-22，黑1反打，白2提。黑棋弃掉一子，将棋走到外边，是很好的想法。黑3打吃，白4连，黑5虎，黑棋成功转身，将棋走到外边，黑棋出头顺畅，棋形完整。

图2-20

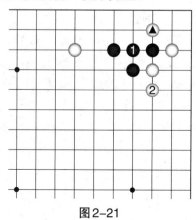

图2-21

图2-22

第四节 破坏对方的棋形

所谓破坏对方的棋形，就是将对方的棋形变成坏形，使对方棋子不能发挥应有的作用，棋子的效率也比较低。下面介绍几种常用的方法。

1. 利用"打吃"将对方的棋形打成凝形

【例16】如图2-23，黑先，黑▲二子有危险，白棋若下在A位，黑▲二子将被吃死。黑棋该怎么办呢？

失败：如图2-24，黑1简单地逃不可取，黑棋只顾自己逃命，而对白棋没有威胁。黑1逃，坏棋！黑棋怎么才能既救自己又对白棋有威胁呢？

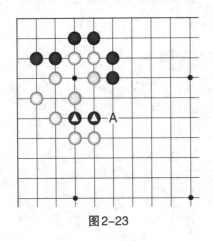

图2-23   图2-24

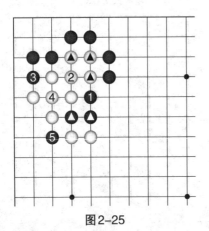

图2-25

正解：如图2-25，通过观察发现，白▲三子只有两气。黑1打吃，好棋！既救自己又攻击白棋，白棋只能粘，白棋棋形凝重，称为"凝形"，比愚形更糟糕。黑3再打吃，好棋！白4粘，白棋的棋形更坏，黑5断，好棋！白棋比黑棋更危险。

【例17】如图2-26，黑先，黑棋A位有断，如果直接连上，对白棋的棋形没有冲击，黑棋该怎么办呢？

如图2-27，黑1先打吃，正着。白2只能连，白棋四子成为愚形，黑3再立，补棋。黑棋在补断之前先冲击对方的棋形，将棋打成愚形，是很好的思考问题的方法。

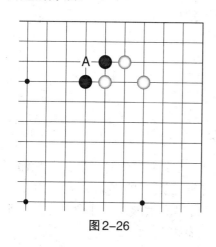

图2-26

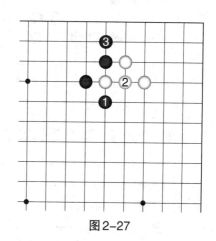

图2-27

2. 利用"扑"将对方的棋形变成愚形

【例18】如图2-28，黑先，现在黑棋好像很麻烦，黑▲五子被白棋包围，有危险，黑⊖四子被断也有危险，中间的黑棋也没有根据地。黑棋该怎么办呢？

正解：如图2-29，黑1扑，好棋！白2只能提，黑3再打吃，将白棋打成愚形。

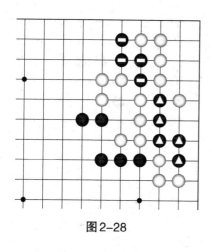

图2-28

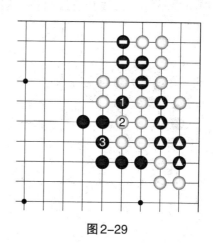

图2-29

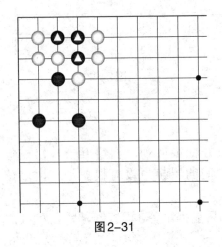

图2-30

如图2-30，接图2-29，白1连，白棋已经变成愚形，黑2枷，好棋！将白棋封住，白3只能紧气，否则将被吃。以下至白7，双方必然，黑棋成功将白棋围住，黑棋外围棋形完整，这是黑棋最好的选择。

3. 利用"滚打"将对方的棋形变成愚形

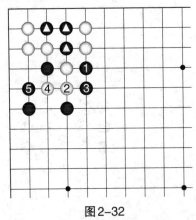

图2-31

【例19】如图2-31，黑先，黑▲三子被白棋包围，黑棋怎么利用这三个子，将自己的棋形走好并把对方的棋形变成愚形呢？

正解：如图2-32，黑1断打，好棋！白2逃，黑3再打，白4逃，黑5打吃，要点！形成滚打。

如图2-33，接图2-32，白1提，黑2打吃，白3连，白棋已经变成愚形。黑4扳，好棋！再次利用黑▲三子，黑5拐，黑6退。以后还留有A位拐的先手，黑棋外势强大。其中，当黑6退后，白棋若在A位爬，黑棋则在B位退，白棋更不好！二线和三线交换一般都是亏的。

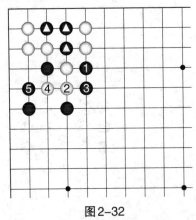

图2-32

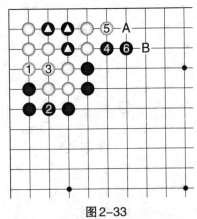

图2-33

4. 利用"尖"将对方的棋形变成愚形

【例20】如图2-34，黑先，黑▲三子被白棋包围了，已经被吃，黑⊖子也有危险，黑棋该怎么办呢？

失败：如图2-35，黑1退，直接逃黑⊖子，坏棋！白2长后，黑棋被分断，黑棋不好！

正解：如图2-36，黑1尖，好棋！由于白▲二子气紧，白棋只能在A位连，否则，黑棋在A位倒扑；白A，黑B，黑⊖子得救，白棋在A位连形成愚形。其中，黑1尖是此形的要点。

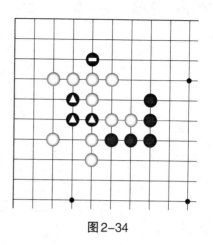

图2-34

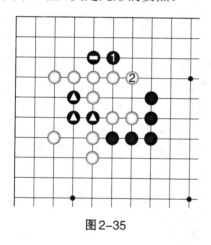

图2-35

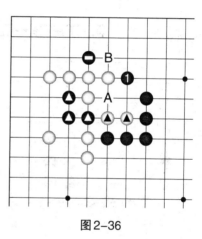

图2-36

5. 利用"刺"将对方的棋形变成愚形

【例21】如图2-37，黑先，要攻击白棋，就应先将其棋形变成愚形，使其失去眼位，黑棋该怎么下呢？

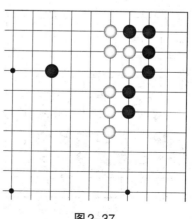

图2-37

正解：如图2-38，黑1刺，正着。白2连，白棋几子形成"刀五"。白棋的棋形失去弹性，失去眼形，成为黑棋攻击的目标。

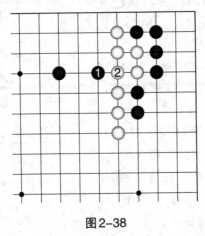

图2-38

6. 利用"点"将对方的棋形变成愚形

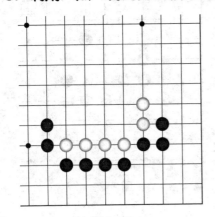

图2-39

【例22】如图2-39，黑先，攻击白棋的要点在哪呢？

正解：如图2-40，黑1点，好棋！窥视A位的断。黑1又称"点方"，围棋中有"逢方必点""见方不点三分罪"之说，可见点方的重要性。

【例23】如图2-41，黑先，怎么破坏白棋的棋形呢？

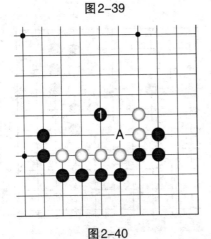

图2-40

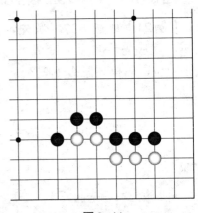

图2-41

失败：如图2-42，黑1立，是初学者认为比较好的棋，下一步可在A位门吃白棋。但被白2跳方，白棋形状完整，黑棋不满。

正解：如图2-43，黑1点，好棋！这是一个变形的点方。无论白棋走A位，还是B位，黑棋都下在C位。黑棋不仅将白棋围起来了，还将白棋变成了愚形。

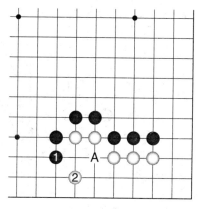

图2-42

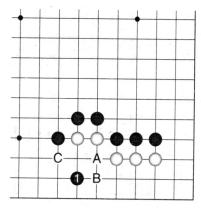

图2-43

本节介绍了六种简单破坏对方棋形的方法，实战中破坏棋形的方法还有很多，随着大家棋艺水平的提高，掌握的方法也就越多。在实战中，要把对方的棋形变成坏形，使其不能发挥作用，这一点请大家牢记！

第五节　实战中的棋形

大家已经知道了棋形的重要性，在实战中既要将己方的棋形下好，又要把对方的棋形变坏，该如何处理呢？以下都是实战中出现的棋形。

【例24】如图2-44，黑先，白▲子打吃，黑棋在征子有利情况下，该怎么办呢？

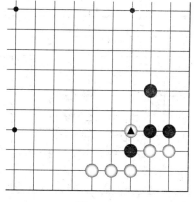

图2-44

失败：如图2-45，黑1逃，不好！白棋不征子而在2位封，好棋！以下至白6双方必然，白棋利用滚打战术将黑棋打成凝形。

正解：如图2-46，黑1反打吃，好棋！将黑▲子弃掉，白2长，或在A位提，黑3跳，黑棋棋形完整，出头畅快。将作用不大的棋子弃掉，把自己的棋形走好是此形的关键。

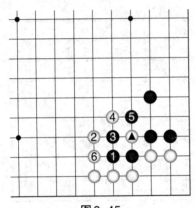

图2-45

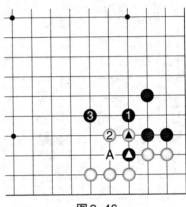

图2-46

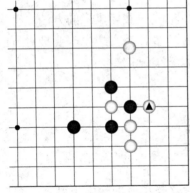

图2-47

【例25】如图2-47，黑先，现在白▲打吃，黑棋该怎么办呢？

失败：如图2-48，黑1连，不好！白2长，白棋得以联络，而黑棋三子气紧，白⊖子还没吃净，黑棋的味道很坏。若黑棋再提，白棋成先手联络。

正解：如图2-49，黑1提，正着，白2长。黑棋提，棋形完整，白棋后手联络。

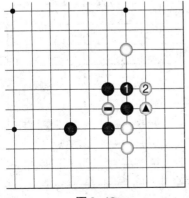

图2-48

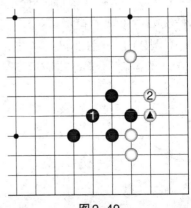

图2-49

【例26】如图2-50，这局棋由星定式变化而来。现在该黑棋下，怎么下好呢？

失败1：如图2-51，黑1冲，愚形！白2挡，以下至白8，黑棋角虽然安全了，但白棋得到了强大的外势，黑棋不满。

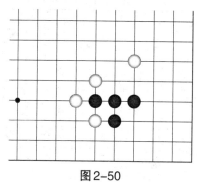

图2-50

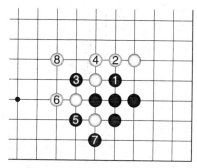

图2-51

失败2：如图2-52，黑1打吃，白2反打，黑3提，白4连。此变化比图2-51黑棋要好，白棋外势没有图2-51强大，有点缺陷，黑棋没有走成愚形。但黑棋的下法仍然软弱。

正解：如图2-53，黑1断，正着。白2长，黑3长，作战黑棋有利，白▲二子危险。

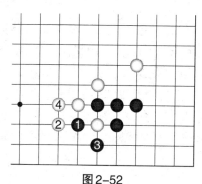

图2-52

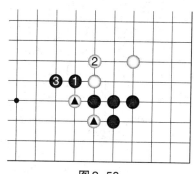

图2-53

【例27】如图2-54，黑先，黑棋该怎么下呢？

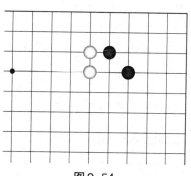

图2-54

失败：如图2-55，黑1团，坏棋！黑棋形成愚形，白2长后，白棋棋形完整，黑棋有被攻的感觉。其中，黑1的下法在初学者中极为常见。

正解：如图2-56，黑1单关是加强角上黑棋的好棋！既能出头，又能围空。白2拆三，建立根据地，好棋！所谓"立二拆三"。

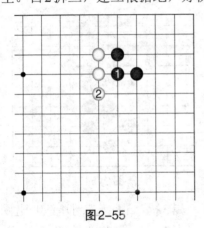

图2-55

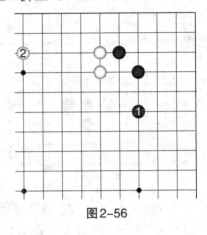

图2-56

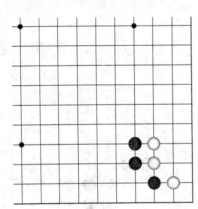

图2-57

【例28】如图2-57，黑先，黑棋怎么下能将白棋围住呢？

失败：如图2-58，黑1连，软弱！为了救黑▲子，丧失了攻击白棋的机会，黑棋本身下在二线也不太好。黑1是初学者容易犯的错误。白2长，白棋出头顺畅。

正解：如图2-59，黑1扳，好棋！正所谓"二子头两头扳"，白2扳，黑3连扳，好棋！白4打吃，黑5双吃，次序正确！白6连，黑7再打吃，好棋！将白棋

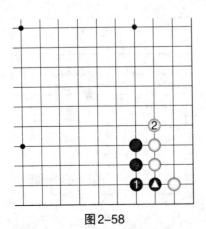

图2-58

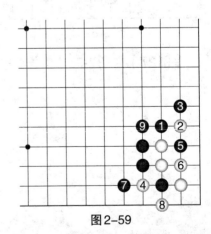

图2-59

封锁。白8提,黑9连,补强自己。黑棋成功把白棋包围。

【例29】如图2-60,黑先,白▲子打吃,黑棋应该怎么办呢?

失败:如图2-61,白棋打吃时,黑1若连,坏棋!黑棋形成愚形,白2长,两边的黑棋都有危险,黑棋失败。

正解:如图2-62,黑1反打,好棋!这所谓"虎口遇打须反打"。白2提,黑3扳后,黑棋形状完整,联络没问题。

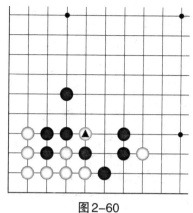

图2-60

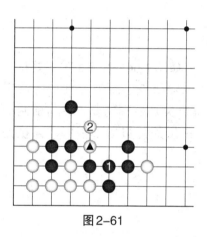

图2-61

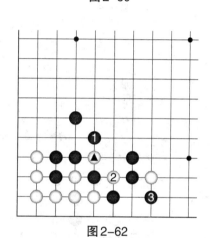

图2-62

【例30】如图2-63,黑先,黑棋该怎么下呢?

失败1:如图2-64,黑1立,虽然可以吃掉白▲三子,但被白2夹,以下至黑5,白棋外围棋形完整,白棋先手将黑棋围住。

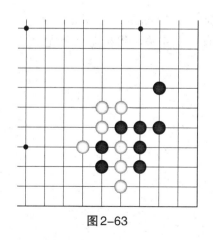

图2-63

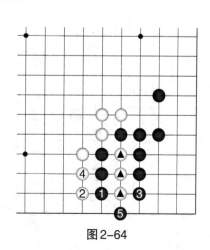

图2-64

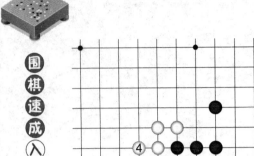

失败2：如图2-65，黑1拐，坏棋！白2扳，黑3只有打吃，以下至黑11，黑棋虽然吃掉白▲三子，但白棋比图2-64更厚实、更强大。

图2-65

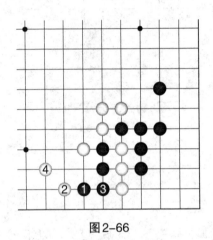

正解：如图2-66，黑1小尖，好棋！正所谓"二线防夹需用尖"。白2靠，黑3连，白4小尖是棋形的要点。与前两个图相比，白棋的外势弱了很多，黑棋先手吃掉白棋。

图2-66

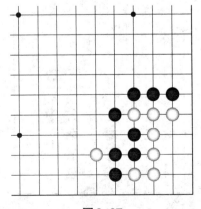

【例31】如图2-67，黑先，黑棋外围棋形有点不完整，黑棋怎么补呢？

图2-67

失败1：如图2-68，黑1虎，不好！白2刺，黑3连，白2先手便宜，黑棋形成愚形，白▲子伺机还可以活动。

失败2：如图2-69，黑1虎在这边也不好，白2刺，黑3连。黑1虽然能够限制白▲子的活动，但被白棋先手刺成愚形，黑棋不好。

失败3：如图2-70，黑1飞，是形的要点，所谓"矩形护断虎输飞"，但在此形不适用。白2夹，好棋！以下至白6为双方必然，黑棋形成凝形，白棋成功，黑棋失败。

正解：如图2-71，黑1连，是此形的要点。白▲子没有利用，黑棋棋形完整。

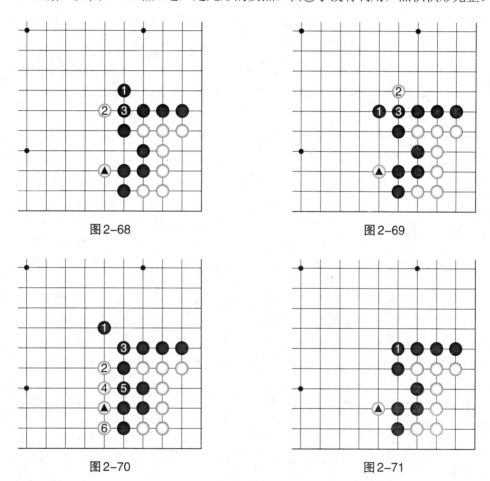

图2-68　　　　　　　　　图2-69

图2-70　　　　　　　　　图2-71

实战中的棋形多种多样，从基本棋形入手，让棋子发挥最大作用，就是好棋！眼位丰富、出头顺畅就是好形。好形棋子效率高，棋形舒展有弹性，眼位丰富，不怕冲击，进可攻，退可活。至于如何下出好形，这要从实战出发，要根据周围棋子的情况而定，不能盲目地应用。棋形是下好围棋的基础，请大家牢记！

单元练习二

黑先，如何下才能使黑棋形成好形或使白棋形状不好？注意有标记的棋子。

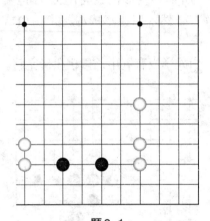

题 2-1

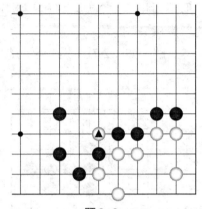

题 2-2

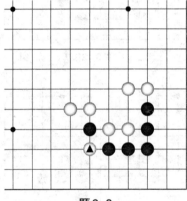

题 2-3

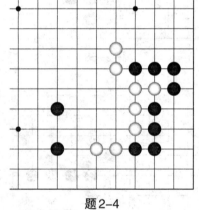

题 2-4

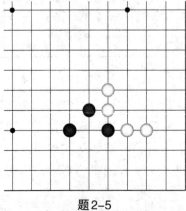

题 2-5

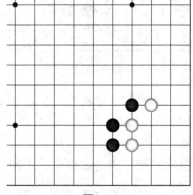

题 2-6

棋／形

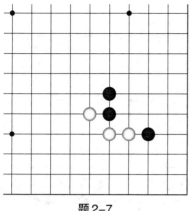

题 2-7

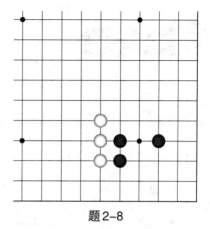

题 2-8

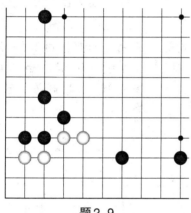

题 2-9

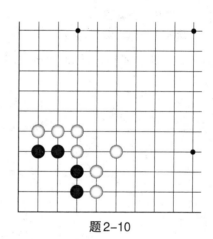

题 2-10

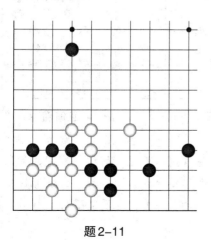

题 2-11

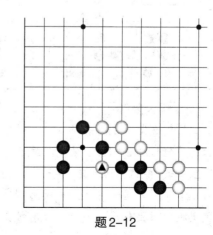

题 2-12

参考答案

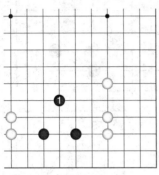

题2-1正解图

题2-1正解图：黑1出头，好棋！黑棋三子组成猴脸。

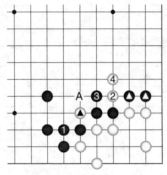

题2-2失败图

题2-2失败图：黑1连，错误！本身形成愚形。白2打吃，黑3逃，白4长后，白棋在A位可以征吃黑棋三子，黑▲二子也有危险。

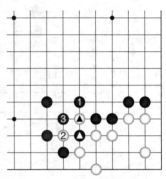

题2-2正解图（④=▲）

题2-2正解图：黑1反打，正确！白2提，黑3再打，白4连，白棋成为凝形，黑棋成功将白棋包围。

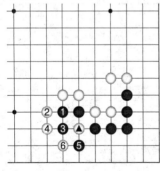

题2-3失败图

题2-3失败图：黑1长，不好！白2打吃，黑3逃，白4再打，黑5提，白6再打，黑棋只能连，黑棋被白棋围住。

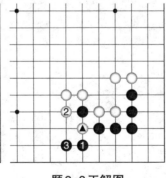

题2-3正解图

题2-3正解图：黑1二线打吃，正着！弃掉黑子，白2提，黑3长，白棋外围不完整，黑棋的头没有被完全封住。

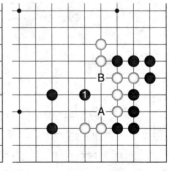

题2-4正解图

题2-4正解图：黑1点方，好棋！窥视着A位和B位的断，白棋形状难看，也没有眼形。

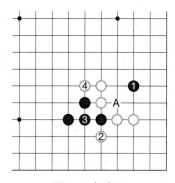

题2-5失败图

题2-5失败图：黑1点方，不好！应该先完善自己的棋形，再去破坏对方的棋形。白2打吃，黑3连，黑棋成为愚形，白4拐，威胁黑棋四子，黑棋不敢在A位断。黑1点方有落空的感觉。

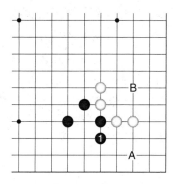

题2-5正解图

题2-5正解图：黑1立，好棋！黑棋不仅形状完整而且还有根据地，以后有A位飞和B位点方的手段。

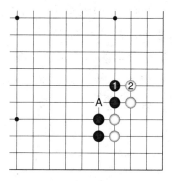

题2-6失败图

题2-6失败图：黑棋担心A位的打吃，在1位长，不好！白2长，黑棋失败。

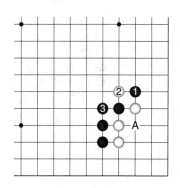

题2-6正解图

题2-6正解图：黑1连扳，好棋！以下白2，黑3，白棋吃不了黑1之子。另外，白棋在A位还有断点。正所谓"扳二子头，扳完再连扳"。

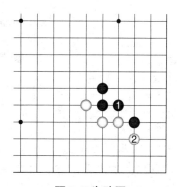

题2-7失败图

题2-7失败图：黑1，错误！黑棋三子形成愚形，白2扳，角基本上被白棋占了。

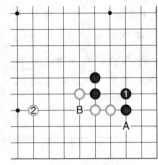
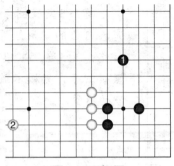
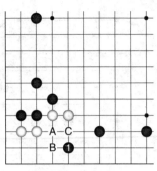

题2-7正解图　　　　　　题2-8正解图　　　　　　题2-9正解图

题2-7正解图：黑1退，好棋！既能联络，形状也美，白棋不能在A位扳，否则黑棋在B位断。所以，白棋在2位拆，建立根据地。

题2-8正解图：黑1马脸，出头，好棋！形状好，出头常见的棋形，白2"立三拆四"，建立根据地。

题2-9正解图：黑1飞，夺取白棋根据地的好棋！同时瞄着A位的断，这也是一种点方，以后白棋若下在B位，黑棋在C位长，白棋在A位粘，白棋角上不活。

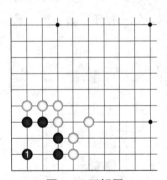
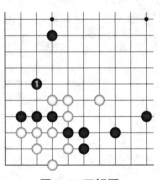
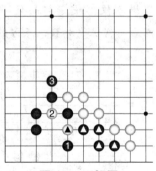

题2-10正解图　　　　　　题2-11正解图　　　　　　题2-12正解图

题2-10正解图：黑1跳方，好棋！这里是防守的要点，有了此着黑棋做眼就没问题了。

题2-11正解图：黑1跳是此时的棋形要点。白棋已没有什么手段。

题2-12正解图：黑1反打，正确。白2提，黑3长，这是黑棋正确的下法。其中，黑1不能在2位粘，否则，白棋在1位立，白棋四气，黑▲四子三气，黑棋被杀。

第三章　死活棋形

死活知识在围棋中是很重要的一部分。随着围棋水平的提高，我们不但要掌握一些常见的死活棋形，还需了解一些特殊的死活棋形。

第一节　常见的死活棋形

【例1】如图3-1，这是一个常见的死活棋形，黑棋应该如何做活？

正解1：如图3-2，黑1扳是先手，白2紧气，黑3弯是做活的要点，白4扑，黑5做眼，白6点时，黑7立，白棋在A位不入气，黑棋做活。

正解2：如图3-3，黑1扳，白2紧气，黑3弯后，白4如点，则黑5粘，以下至白8，出现了双活的棋形。

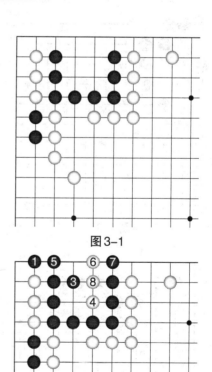

图 3-1

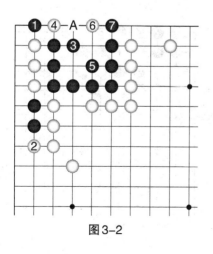

图 3-2　　　　　　　　　图 3-3

【例2】如图3-4，黑棋如何杀死白棋？

失败：如图3-5，黑1扳是错误的下法，白2挡，黑3粘，白4立，黑5点时，白6做眼是好棋。黑7扳，白8粘，黑棋出现了接不归。

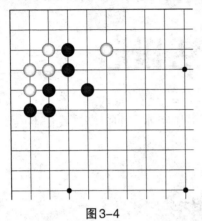

图3-4

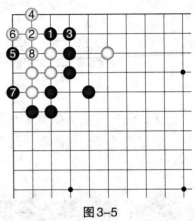

图3-5

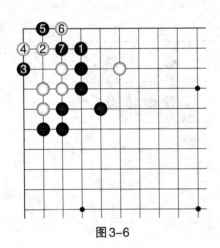

图3-6

正解：如图3-6，黑1立，正确，白2小尖，黑3点眼，白4挡，黑5托，好棋！当白6打吃，黑7断，白棋被杀。

【例3】如图3-7，这是另一种常见的死活棋形，黑棋如何做活？

失败1：如图3-8，黑1立，白2扳，黑3虎，白4靠是妙手，以下至白8，黑棋不活。

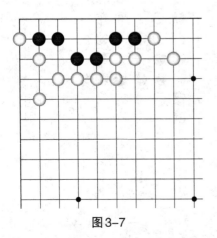

图3-7

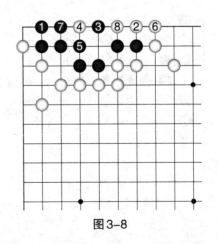

图3-8

失败2：如图3-9，黑1虎，白2断及时，黑3打吃，黑棋也不活。

正解：如图3-10，黑1虎在有断点的一边是正确下法，白2扳，黑3做眼，白4扳，黑5做眼，黑棋就活了。

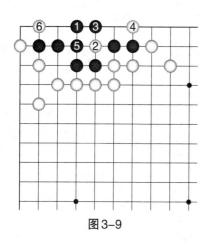

图3-9

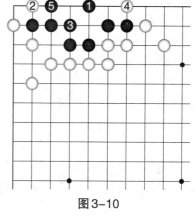

图3-10

【例4】如图3-11，这是在角上经常出现的棋形，黑棋如何净杀白棋？

失败1：如图3-12，黑1冲是俗手，白2挡，黑3扳，白4虎，黑5点，白6做眼，以下至白10后，出现了打三还一，白棋已活，黑棋失败。

失败2：如图3-13，黑1夹会怎么样？白2粘，以下至白8，白棋净活，黑棋更不好。

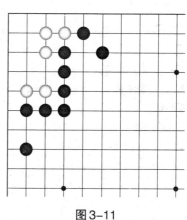

图3-11

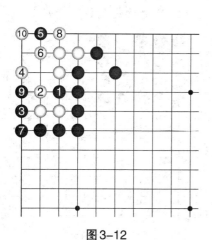

图3-12

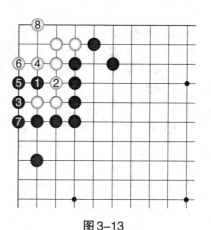

图3-13

正解：如图3-14，黑1在一路扳是好棋，白2弯，黑3再扳，以下至黑9后，白棋被净杀。

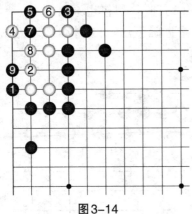

图3-14

第二节　盘角曲四

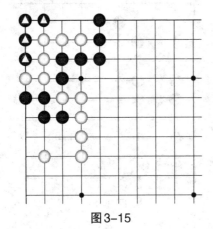

图3-15

【例5】如图3-15，黑⬢四子弯在角上，叫作"盘角曲四"。黑棋能否杀死白棋？

正解：如图3-16，黑1打吃，白2提，黑3点，白4紧气，黑5扑，出现了打劫杀。

【例6】如图3-17，角上是双活吗？如果在其他位置上，明显是双活，但现在是在角上，就会出现特殊情况。现在黑棋是在A位扑好还是在B位扑好？

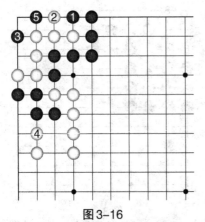

图3-16

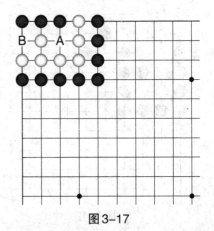

图3-17

失败：如图3-18，黑1如在A位扑，则白2提。如图3-19，提完黑子后，棋形呈现出弯四活形。

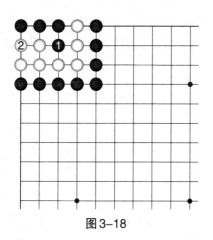

图3-18

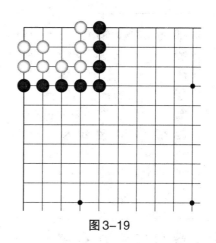

图3-19

正解：如图3-20，黑1如在B位扑，则白2提。

如图3-21，白2提，黑3点，白4扑，以下是打劫杀。由此可见，黑棋在A位扑或在B位扑效果都不好。黑在1位扑，劫杀白棋，永远是黑棋的权利，黑1什么时候扑呢？如果把棋盘上的劫材全补尽，再来扑，那么就出现了"盘角曲四，劫尽棋亡"的情况。实战中，出现这种盘角曲四的棋形，白棋则被判为死棋。

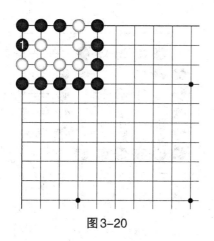

图3-20

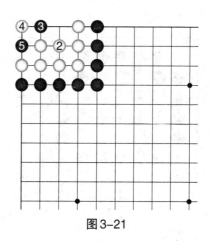

图3-21

第三节　板六的各种棋形

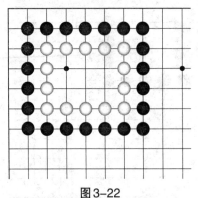

图 3-22

【例7】如图3-22，这是白棋连接完整的板六，黑先，白棋是死棋还是活棋呢？

正解：如图3-23，黑1点，白2夹，黑3长，白4做眼，白棋明显是活棋。

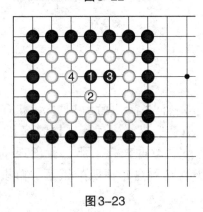

图 3-23

【例8】如图3-24，这是白棋连接不完整的板六，黑棋能不能杀死白棋？

正解：如图3-25，如黑1点，则白2夹，黑3断，白4粘，白棋同样是活棋。

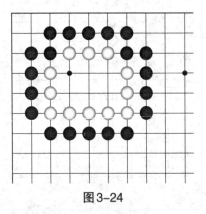

图 3-24

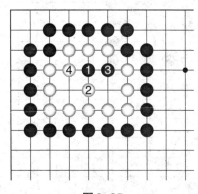

图 3-25

【例9】图3-26，这也是白棋连接不完整的板六，黑先，白棋是死棋还是活棋呢？

失败：如图3-27，黑1点，白2夹，黑3长，白4正好做活。

正确：如图3-28，黑1点，白2夹，黑3向白棋的断点长，这才是正确的下法，白棋在A位不入气，则白棋不活。

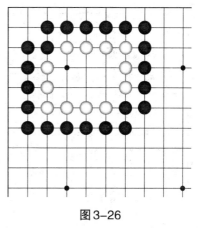

图3-26

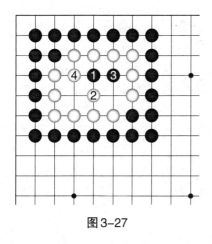

图3-27

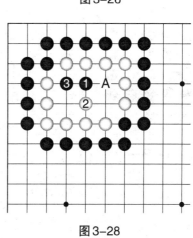

图3-28

【例10】如图3-29，这是在边上白棋连接完整的板六，黑棋能否杀死白棋？

正解：如图3-30，黑1点，白2顶，黑3不论向哪边长，白棋都是活棋。

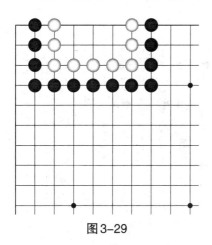

图3-29

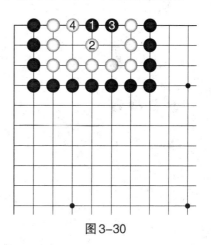

图3-30

【例11】如图3-31。这是在角上白棋连接完整的板六,并且外边不松气,黑棋能不能杀死白棋?

失败:如图3-32,黑1点二·一不好,白2顶,黑3长,白4扑,出现了打劫杀,黑棋不对。

正解:如图3-33,黑1点二·二是正确的下法,白2夹时,黑棋一定要向3位长,白棋在A位不入气,黑3如果向A位长,白棋下在3位正好做活。

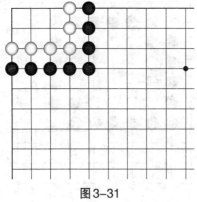

图3-31

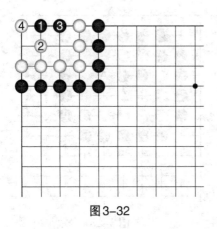

图3-32

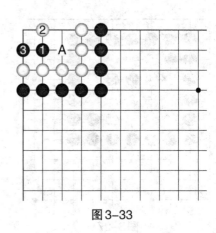

图3-33

【例12】如图3-34,这是角上连接完整的板六,但是白棋有一口外气,黑棋能杀死白棋吗?

失败1:如图3-35,如果黑1还点二·二,那么白2夹,黑3长,白4打吃,白棋正好做活。

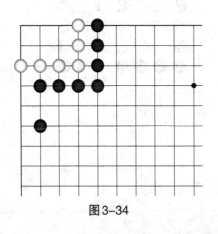

图3-34

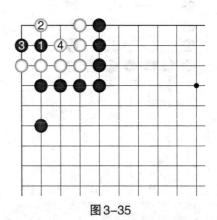

图3-35

失败2：如图3-36，黑1点二·一，白2顶，黑3长不好，白4正好做活。

正解：如图3-37，黑1点，白2顶后，黑3应向图2-36中的反方向长，则白4扑，黑5提，白棋在A位不入气，出现了打劫。所以，角上有一口外气的板六是打劫杀。

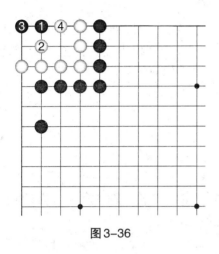

图3-36

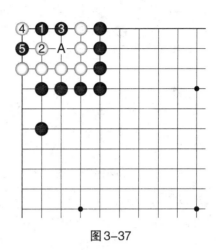

图3-37

【例13】如图3-38，这是白棋在角上连接完整的板六，但是，白棋有两口外气了，结果会是怎样？

正解：如图3-39，黑1点，白2顶，黑3长，白4扑，黑5提时，白6正好能打吃黑棋，黑棋不能连，这种结果叫作"涨死牛"。所以，角上有两口外气的板六是活棋。

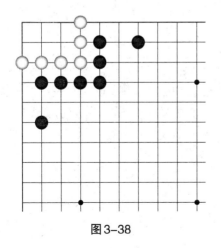

图3-38

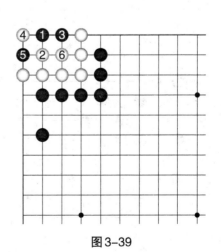

图3-39

第四节　大猪嘴、小猪嘴

1．大猪嘴

【例14】如图3-40，这种棋形叫作"大猪嘴"，是围棋中非常典型的一道死活题，黑棋如何杀死白棋？

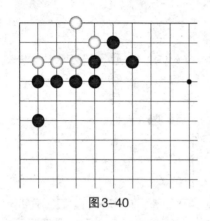

图3-40

失败1：如图3-41，黑1夹不好，白2扳后，黑3长，白4扳，白棋活棋。黑3若在4位立，白3下在3位做眼，白棋正好也活棋。

失败2：如图3-42，如黑1点，白2拐，黑3扳，以下至白6后，白棋还是活棋。

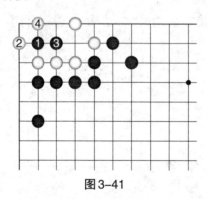

图3-41

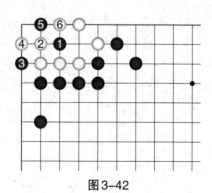

图3-42

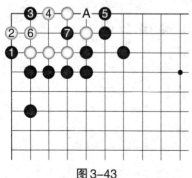

图3-43

正解：如图3-43，黑1先在一路扳是正确下法，白2挡，黑3点非常及时，白4顶后，黑5立又是好棋，白6粘，黑7扑，白棋在A位不入气，白棋被杀死。

2. 小猪嘴

【例15】如图3-44，这种棋形叫作"小猪嘴"，是围棋中经常出现的死活题，黑棋是否还能杀死白棋？

失败1：如图3-45，黑1如果也扳，白2做眼，白棋则很简单就活了，所以，黑1扳不好。

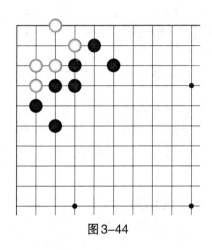

图3-44

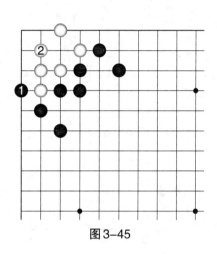

图3-45

失败2：如图3-46，黑1如果点二·二，白2扳，黑3立，白4做眼，白棋依然是活棋，所以，黑1点二·二也不好。

正解：如图3-47，黑1点二·一是正确下法，白2做眼时，黑3立，白4粘，黑5扑后，出现了打劫，所以，小猪嘴的正确结果就是打劫杀。

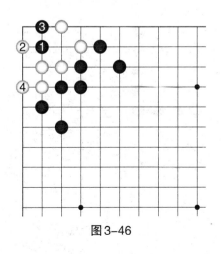

图3-46

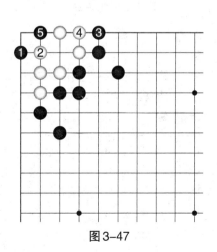

图3-47

单元练习三

以下棋形根据要求进行解答。

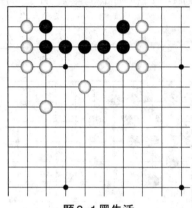

题3-1 黑先活

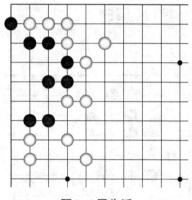

题3-2 黑先活

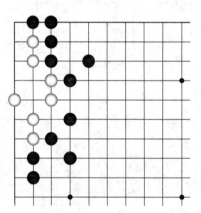

题3-3 黑先杀白

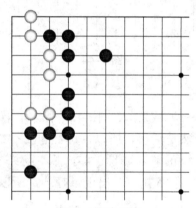

题3-4 黑先杀白

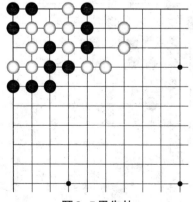

题3-5 黑先劫

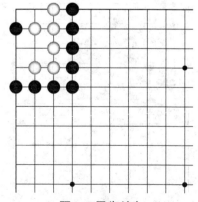

题3-6 黑先杀白

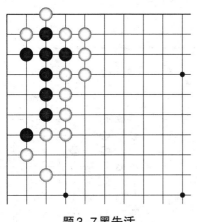

题3-7 黑先活

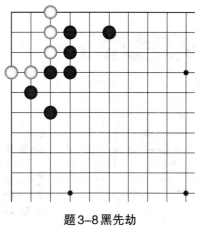

题3-8 黑先劫

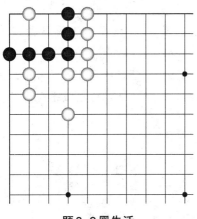

题3-9 黑先活

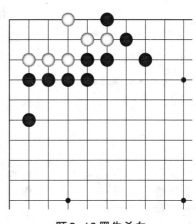

题3-10 黑先杀白

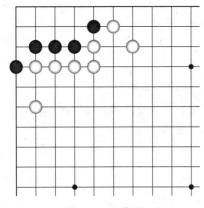

题3-11 黑先活

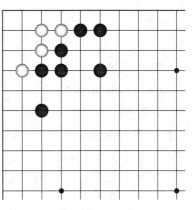

题3-12 黑先劫

参考答案

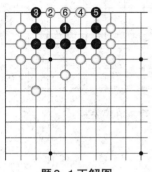

题3-1正解图

题3-1正解图：黑1立，白2点，黑3挡，白4点，黑5挡，白6粘，双活。

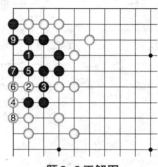

题3-2正解图

题3-2正解图：黑1做眼是正确下法，白2夹，黑3粘，以下至黑9，黑棋做活。

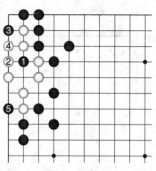

题3-3正解图

题3-3正解图：黑1断是要点，白2打吃，黑3也打吃，白4粘，黑5扳，白棋被杀死。

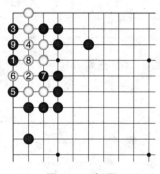

题3-4正解图

题3-4正解图：黑1点是好点，白2弯，黑3托，白4粘，以下至黑9，白棋不活。

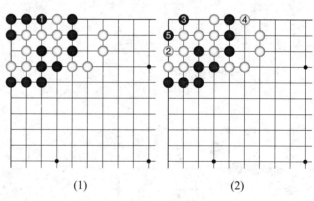

(1)　　　　　　　　(2)

题3-5正解图

题3-5正解图：黑1扑，白2提，黑3点，白4紧气，黑5扑劫，出现了打劫杀。

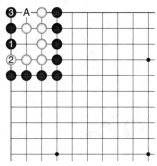

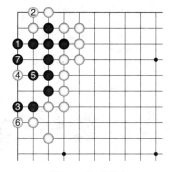

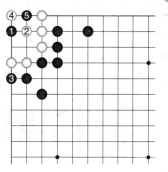

题3-6正解图

题3-6正解图：黑1长，白2挡，黑3向角里长，这个棋形最终黑棋将下在A位，成为盘角曲四，白棋死棋。

题3-7正解图

题3-7正解图：黑1立是好棋，白2粘，否则角上有接不归，黑3再立，以下至黑7，黑棋做活。

题3-8正解图

题3-8正解图：黑1点二·一是正确下法，白2顶，黑3紧气，白4扑劫，黑5提，出现了打劫杀。

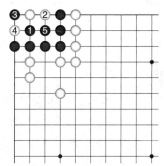

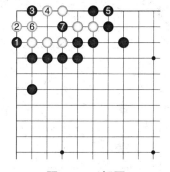

题3-9正解图

题3-9正解图：黑1顶，白2长，黑3扑，白4提后，黑5打吃，出现了白棋涨死牛。

题3-10正解图

题3-10正解图：黑1扳，白2挡，黑3点，白4顶后，以下至黑7，白棋被杀死。

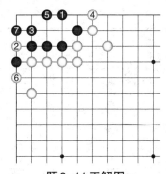

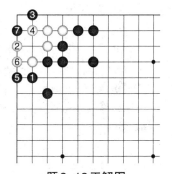

题3-11正解图

题3-11正解图：黑1虎是正确下法，白2扑，黑3退，正确，白4立，黑5做眼是要点，白6提，黑7挡，黑棋活棋。

题3-12正解图

题3-12正解图：黑1挡，白2虎，黑3点，白4做眼，黑5紧气，白6粘，黑7扑劫，出现了打劫杀。

第四章 连接与分断

连接与分断在中盘战斗中是非常重要的一部分,就像在打仗时"进可攻,退可守",那么分断就是攻击,连接就是防守。

第一节 粘连接、虎连接

1. 粘连接

【例1】如图4-1,黑棋应该如何连接?

失败:如图4-2,黑1挡明显不好,被白2一冲,则黑3挖,白4打吃,黑5粘,白6拐吃,黑棋星位一子被断开。

正解:如图4-3,黑1粘是正确下法,白2退,黑3挡后,黑棋则连接得非常完整。

图4-1

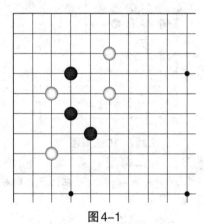

图4-2

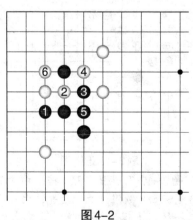

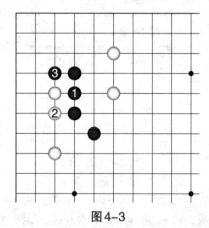

图4-3

【例2】如图4-4，黑如何连接黑⚫二子？

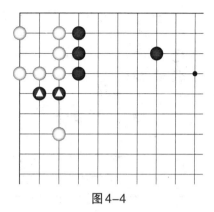

图4-4

失败：如图4-5，黑1虎不好，白2、4后，黑棋的外势发挥不出来。

正解：如图4-6，黑1直接粘最好，则黑棋外势非常厚。

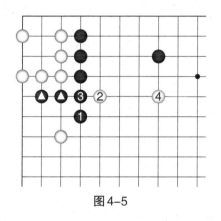

图4-5

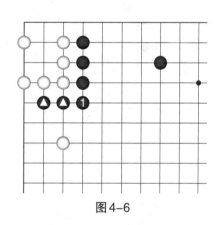

图4-6

2. 虎连接

【例3】如图4-7，黑棋在A位出现了断点，这时黑棋应如何连接呢？

失败：如图4-8，黑1如果再用粘连接，被白2飞攻，黑棋的形势很不好。

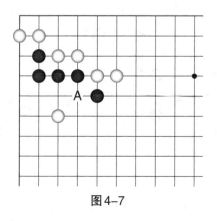

图4-7

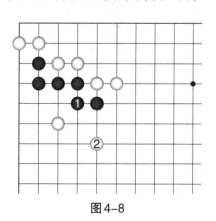

图4-8

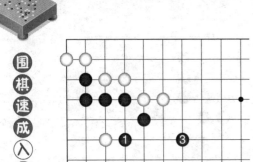

正解：如图4-9，黑1虎是正确的连接方法，白2跳，黑3飞，黑棋出头很顺畅。

图4-9

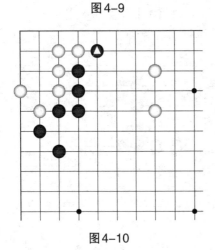

图4-10

【例4】如图4-10，黑棋如何连接黑▲子？

失败：如图4-11，黑1跳不好，白2夹，黑3立后，以下至白6，黑棋不好。

正解：如图4-12，黑1虎连接是此时最好的下法。

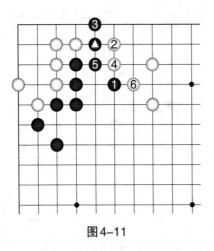

图4-11

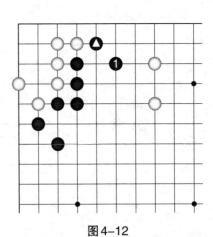

图4-12

第二节　飞连接、跳连接

1. 飞连接

【例5】如图4-13，黑棋在A位出现了断点，应该如何连接？

正解：如图4-14，黑1采用飞连接最好，白棋如在A位断，黑棋则在B位征吃白棋。

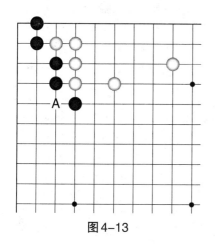

图4-13

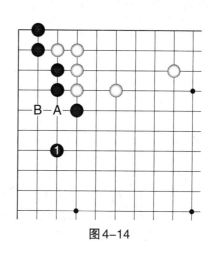

图4-14

【例6】如图4-15，在白▲子存在时黑棋应如何连接？

正解：如图4-16，黑1飞连接是正确下法，这时黑棋如下在A位则不好，白棋可在B位飞，破黑棋的空。

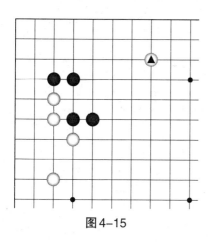

图4-15

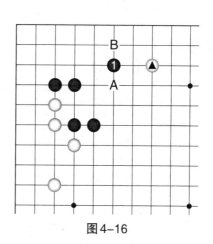

图4-16

2. 跳连接

【例7】如图4-17，黑棋面临白棋在A位的冲断，黑棋应如何连接呢？

正解：如图4-18，黑1跳连接是好棋，白2冲，黑3挡，正好出现了虎口，白棋无法分断黑棋。

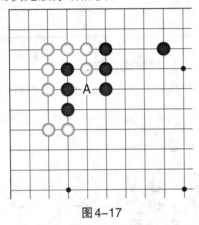

图4-17

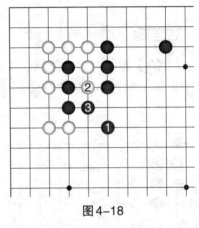

图4-18

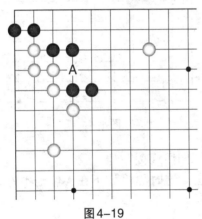

图4-19

【例8】如图4-19，黑棋在A位出现了冲断，应该如何连接才正确？

正解：如图4-20，黑1跳连接是正确的下法。

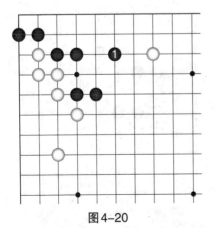

图4-20

第三节 双连接、双虎连接

1. 双连接

【例9】如图4-21，黑棋应如何连接黑▲三子呢？

失败：如图4-22，黑1挡不好，白2断后，黑A则白B，黑B则白A，黑▲三子被吃掉。

正解：如图4-23，黑1用双连接最好，白2冲，黑3挡，黑棋连接成功。

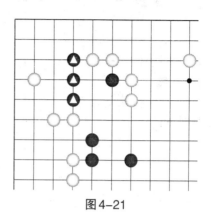

图4-21

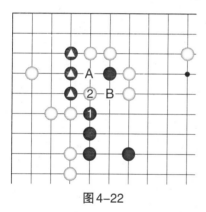

图4-22

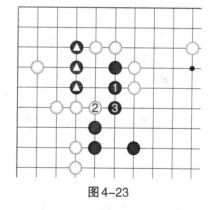

图4-23

【例10】如图4-24，黑棋应如何连接？

正解：如图4-25，黑1双，白2立，黑3跳，黑棋棋形完整。

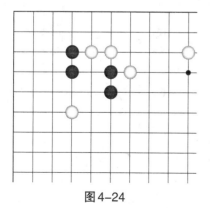

图4-24

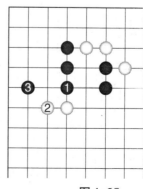

图4-25

2. 双虎连接

【例11】如图4-26，黑棋在A、B出现了两个断点，应如何连接呢？

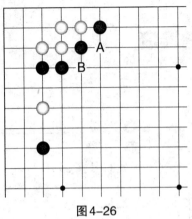

图4-26

正解：如图4-27，黑1双虎是最好的下法，这时A、B两点都是虎口，白棋无法分断黑棋。

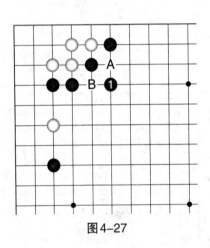

图4-27

【例12】如图4-28，黑棋应如何连接？

正解：如图4-29，黑1采用双虎连接是正确下法。

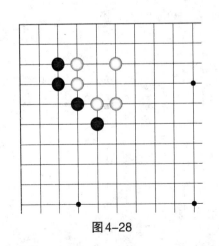

图4-28

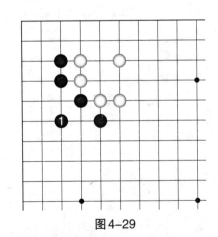

图4-29

第四节　冲断、扳断

1．冲断

【例13】如图4-30，黑棋利用什么方法能断开白棋？

正解：如图4-31，黑1冲是正确下法，白2挡，黑3断，当白4打吃时，黑5反打是好棋，白6提，黑7打吃白▲二子，黑棋分断成功，其中，黑3、5称为相思断。

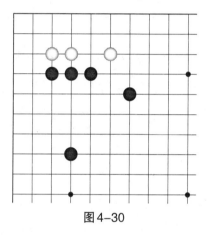

图4-30

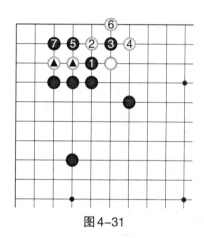

图4-31

【例14】如图4-32，黑棋应如何断开白棋？

正解：如图4-33，黑1冲，白2挡，黑3断，白4粘，黑5断开白棋二子，如果白4在5位打吃黑3一子，那么，黑5就在4位反打，如白棋在A位提，黑棋在B位门吃白▲三子，白棋损失更大。

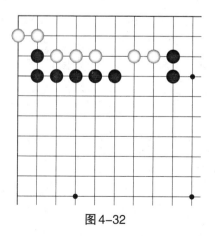

图4-32

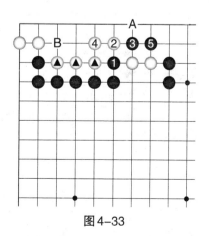

图4-33

2. 扳断

【例15】如图4-34,黑棋应如何分断白棋?

正解:如图4-35,黑1扳,白2断,黑3门吃,白棋明显不行。

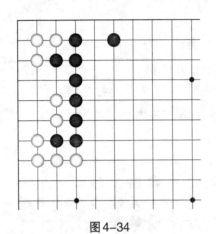

图4-34　　　　　　　　图4-35

变化1:如图4-36,黑1扳时,白2夹是最强的抵抗,黑棋如下在A位,白棋就下在B位,黑棋如下在B位,白棋就下在A位,黑棋都不成功。

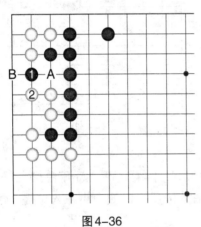

图4-36

变化2:如图4-37,黑1扳,白2夹时,黑3再扳是绝对妙手,白4打吃,黑5粘,白棋在A位不入气,黑棋分断成功。

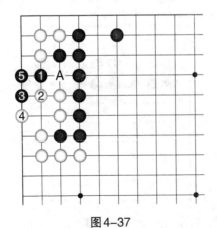

图4-37

第五节 利用打吃分断、尖断

1. 利用打吃分断

【例16】如图4-38，黑棋应如何断开白棋？

正解：如图4-39，黑1打吃，白2粘，黑3反打，白4提，黑5粘，白▲一子被断开。

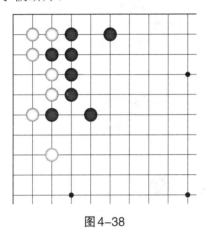

图4-38

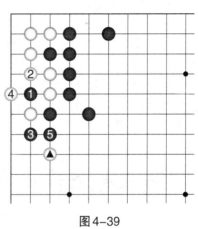

图4-39

2. 尖断（挤断）

【例17】如图4-40，黑棋应如何救出黑▲三子呢？这时黑棋必须想办法分断白棋才能达到目的。

失败1：如图4-41，黑1冲不好，白2挡后，A位是虎口，黑棋明显不行。

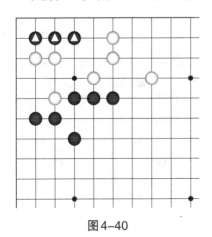

图4-40

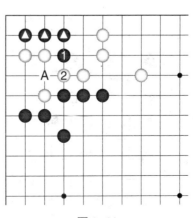

图4-41

失败2：如图4-42，黑1从另一边冲也不好，白2挡后，A位也是虎口，黑棋也不行。

正解：如图4-43，黑1尖是此时的正确下法，这样一来，白棋出现了两个断点，白棋如在2位粘，则黑3冲，白4断，黑5粘，白棋明显不够气，白2如下在3位，黑棋就在2位断，白棋也不够气，则黑棋分断成功。

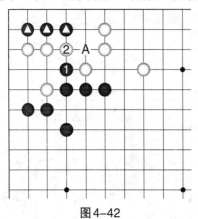

图4-42

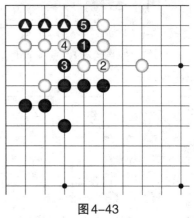

图4-43

第六节　挖断、扭断、跨断

1. 挖断

【例18】如图4-44，黑棋应如何断开白▲四子？

正解1：如图4-45，黑1挖是好棋，白2打吃，黑3长，这样白棋就出现了两个断点，白棋如在4位粘，黑棋就在5位断，白棋如在5位粘，黑棋就在4位断，黑棋分断成功。

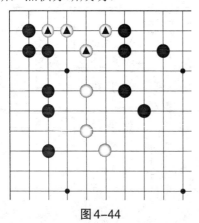

图4-44

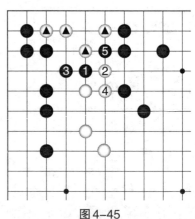

图4-45

正解2：如图4-46，黑1挖时，白2如果在另一边打吃，黑3长，同样，白棋也出现了两个断点，白4粘，黑5断，白棋被断开。

变化：如图4-47，黑棋在A位的挖断非常厉害，对于白棋来说应该如何防止挖断呢？白棋下在1位是此时补断的要点。请记住围棋中有一句谚语叫作"关长须防挖断"。

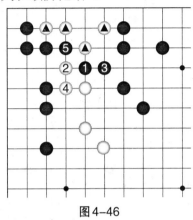

图4-46

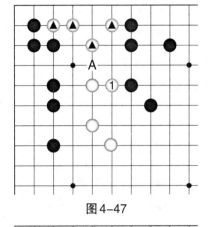

图4-47

2. 扭断

【例19】如图4-48，黑棋应如何断开白棋？

正解：如图4-49，黑1靠，白2扳，黑3断，这种方法叫作扭断。

变化1：如图4-50，黑1、3扭断后，白4打吃，黑5反打，白6提，黑7粘，白▲子被断开。

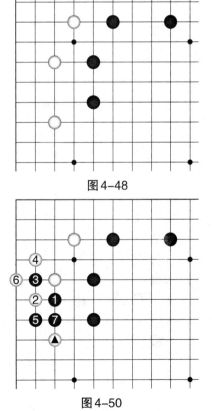

图4-48

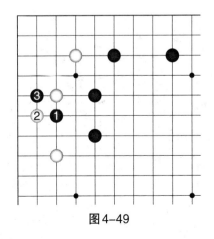

图4-49

图4-50

变化2：如图4-51，黑1、3扭断后，白4如果在另一边打吃，黑5反打，白6提，黑7长，白▲子被断开，白棋更不好。

3. 跨断

【例20】如图4-52，黑棋应如何分断白▲三子？

失败1：如图4-53，黑1冲是俗手，白2挡，黑3如断，白4则打吃，黑棋不行。

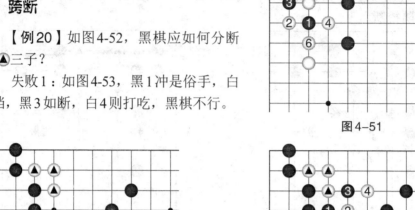

图4-51

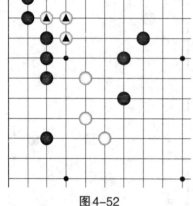

图4-52

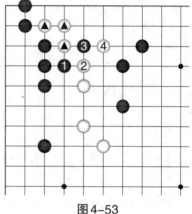

图4-53

失败2：如图4-54，黑1利用挖断如何呢？则白2打吃，黑3长，白4粘，以下至白6，白棋顺利地逃出去了，黑棋也不行。

正解：如图4-55，黑1跨是好棋，白2冲，黑3断，以下至黑7，白棋彻底被断开。

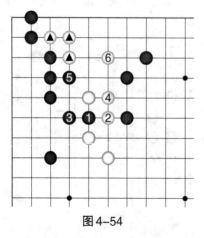

图4-54

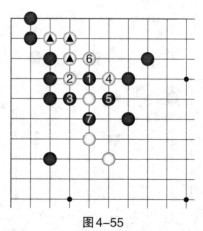

图4-55

第七节 被断后的处理方法

下棋时,被对方分断是正常的,关键是被断后该怎么处理呢?一般情况下,应按以下的顺序考虑:①将分断之子吃死;②加强自己,削弱对方;③弃子、联络;④转换与腾挪。下面我们就来依次介绍一下。

1. 将分断之子吃死

【例21】如图4-56,黑先,白▲子断,黑棋该怎么办呢?

正解:如图4-57,白▲子断后,黑▲二子有危险,如果被吃,白棋的空太大。按照被断后的处理顺序,首先想到吃死白▲子。则黑1打吃,白2逃,黑3枷,好棋!白棋被吃。黑棋切不可使用征子,因为白■子是接应子。

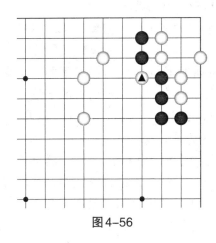

图4-56

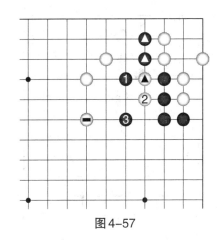

图4-57

【例22】如图4-58,黑先,白▲子断,黑棋该怎么办呢?

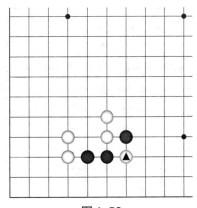

图4-58

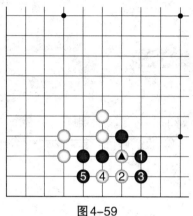

图 4-59

正解：如图4-59，黑1打吃，白2立，黑3挡，白4曲，黑5挡，白棋三子有两气，黑棋三子有三气，白棋被吃。其中，黑1将白棋往边上赶，黑3从弱的地方围白棋，这两着是吃子的关键。

通常情况下，棋力水平相当的两个人，不会下出那种断对方，却反被对方吃死的棋。因此，将分断之子吃死这种处理方法，下棋时不容易出现。但如果能够吃死，将被断的棋重新连接，当然是最好的处理方法。

2. 加强自己，削弱对方

【例23】如图4-60，黑先，被白▲子断，黑棋该怎么办呢？

正解：如图4-61，白▲子断，黑棋不具备吃死白棋的条件，黑▲三子不能死，故黑1应选择长，加强自己，削弱了白▲子。这种加强自己、削弱对方的下法，是实战中最常用的一种方法，自己强大了，对方自然就弱了。

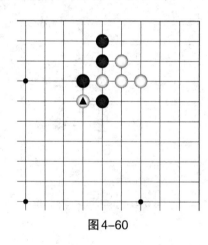

图 4-60

【例24】如图4-62，黑先，黑棋被白▲子断后，无论在A位打吃还是在B位打吃，都加强了白棋，而自己却没有得到加强。那么黑棋应该怎么下呢？

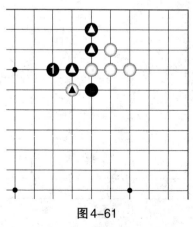

图 4-61

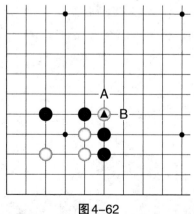

图 4-62

正解：如图4-63，黑1长，加强自己，削弱了白▲子，白棋若脱先，黑棋可在2位征子。白2长，加强了白▲子，削弱了下边两个黑子。这两步棋都是加强自己，削弱对方的好棋。

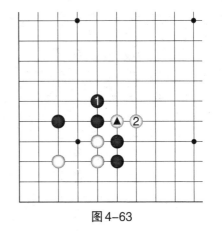

图4-63

变化：如图4-64，黑3跳，加强了黑▲二子同时削弱了中间的白棋二子，白4尖是棋形的要点，中间的白棋得到了加强，下边的黑棋被削弱了，黑棋不能在A位长，否则，白棋在B位挖，黑▲二子将被吃。

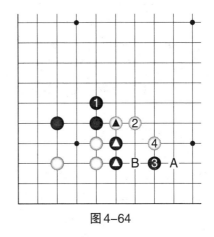

图4-64

失败：如图4-65，黑1打吃是初学者最喜欢下的坏棋。白2长后，黑棋没有得到加强，相反白棋却得到了加强，并且黑棋A位还有断点。所以像黑1这样的棋千万不能下。

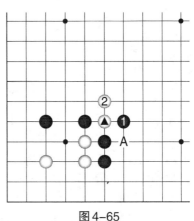

图4-65

3. 弃子、联络

【例25】 如图4-66，黑先，当被白▲子断后，黑棋该怎么处理呢？

正解：如图4-67，黑1打吃，白2长，黑3二线爬，多送一个子，好棋！白4长，以下至黑11接，黑棋重新连起来了，并且把白棋包围了。

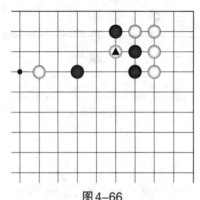

图4-66　　　　　　　　　　图4-67

【例26】 如图4-68，黑先，当被白▲子断后，黑棋该怎么处理呢？

正解：如图4-69，黑1枷，好棋！白2打吃，黑3立，多送一子好棋！以下至黑11接，黑棋重新连起来了，并且把白棋包围了。

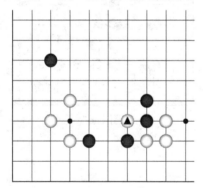
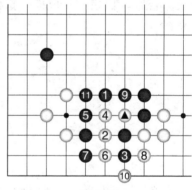

图4-68　　　　　　　　　　图4-69

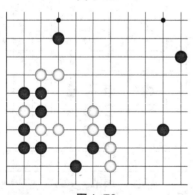

图4-70

【例27】 如图4-70，白先，白棋该怎么下呢？

正解：如图4-71，白1尖冲，好棋！黑2只能长，以下至黑12，黑棋被围，白棋通过弃掉白▲二子，将自己重新连起来，白13虎，补断，黑14若断，白15、17后，白棋形成强大的外势，而黑棋只不过多了几目。

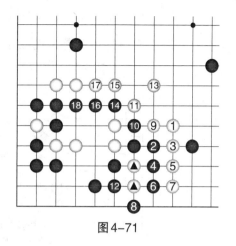

图4-71

【例28】如图4-72，黑先，黑棋该怎么处理呢？

正解：如图4-73，黑1枷，白2冲，黑3挡，白4再冲，黑5扳，紧住白棋的气，好棋！以下至黑15，白棋被围，黑棋外势完整。

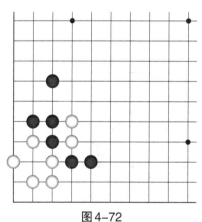

图4-72

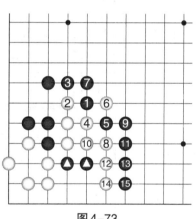

图4-73

【例29】如图4-74，黑先，黑棋左下边被断开，该怎么处理呢？

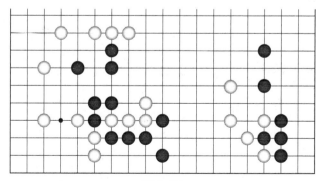

图4-74

正解：如图4-75，黑1枷，白2长，黑3扳，白4冲，黑5扳，白6打吃，以下至黑23，黑棋外势完整，而白▲数子将受到攻击。

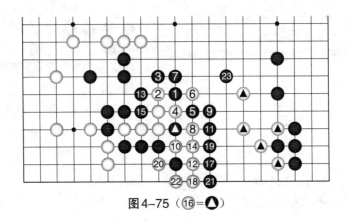

图4-75（⑯=▲）

【例30】如图4-76，白先，黑▲子分断白棋，白棋该怎么处理呢？

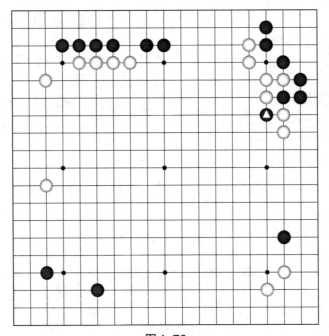

图4-76

正解：如图4-77，白1枷吃，好棋！黑2长，白3扳，黑4曲，白5断，妙！黑6团，白7粘，以下至黑18。白棋弃掉几个子，但争得19位镇，从而攻击黑❶子，将来白棋在中腹很有潜力，另外白棋在C位挡还是先手。

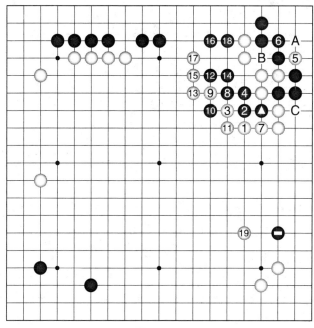

图4-77

小结：被断后，弃掉一小部分棋子，将自己重新连起来，把对方包围是一种比较高级的处理方法，通常利用枷的手段来完成，有时要多送给对方吃一个子，从而达到自己形成强大外势的目的。

4. 转换与腾挪

【例31】如图4-78，黑先，该怎么处理被断的黑▲三子呢？

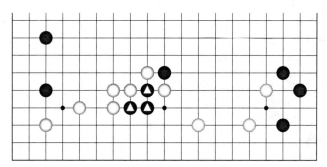

图4-78

正解：如图4-79，黑1打吃，好棋！将白棋打成愚形。黑3再打，以下至黑11接，黑棋外势完整，白▲三子被攻。

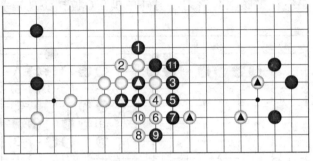

图4-79

【例32】如图4-80，黑先，黑棋被断成两块棋，两边都有危险，黑棋该怎么处理呢？

正解1：如图4-81，黑1靠，正确，白2下扳。以下至黑15，黑棋上边四子虽然被吃，但下边走好了，黑棋取得成功。

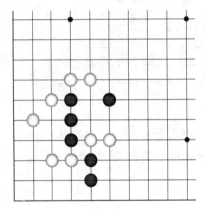

图4-80

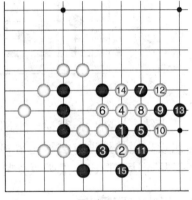

图4-81

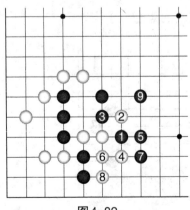

图4-82

正解2：如图4-82，黑1靠，白2上扳，以下至黑9，黑棋取得成功，优于图4-81，白2不如在下面扳。

正解3：如图4-83，黑1靠，白2拐，黑3贴，至黑7顶，黑棋弃掉两个子，将白棋包起来了。

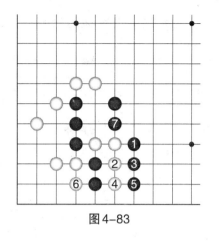

图4-83

【例33】如图4-84，黑先，黑棋该怎么处理呢？

正解1：如图4-85，黑1靠，腾挪的好手，白2扳，黑3靠，手筋，白▲二子被吃。其中，白2若在A位退，黑3仍靠，白▲二子也被吃。

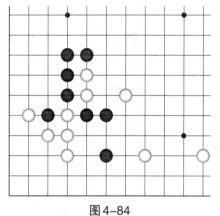

图4-84

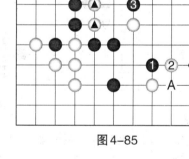

图4-85

正解2：如图4-86，黑1靠，白2双是本手，黑3扳，白▲子危险。

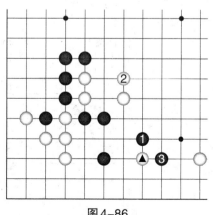

图4-86

【例34】如图4-87,黑先,该怎么处理呢?

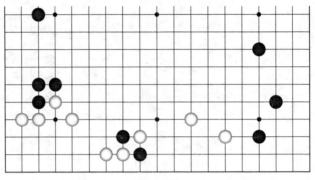

图4-87

正解1:如图4-88,黑1碰,好棋!白2长,黑3打吃,方向正确,以下至黑7,将来黑棋在A位打吃是先手,黑棋棋形完整。

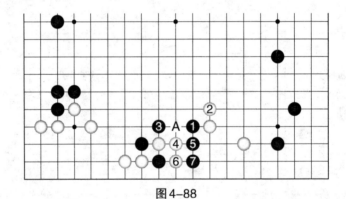

图4-88

正解2:如图4-89,黑1碰,白2长,以消除黑棋的利用,黑3扳,白4只能退,黑5长出头,白6断,以下至黑15,黑棋出头很畅,容易处理。

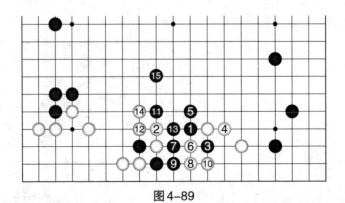

图4-89

【例35】如图4-90，黑先，边上的黑棋被断，该怎么处理呢？

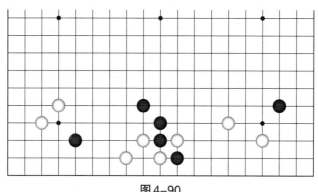

图4-90

正解1：如图4-91，黑1碰，白2挡，以下至黑9，白棋不好办，以下A、B两点，黑棋必得其一。如果黑1碰时，白2在3位长，黑棋在2位冲，白棋得不偿失。

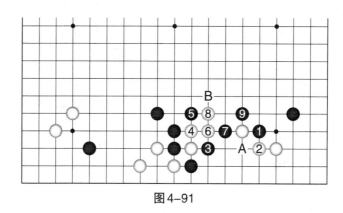

图4-91

正解2：如图4-92，黑1碰也是一种腾挪，但效果不如图4-91。

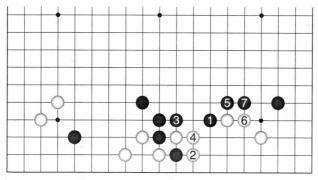

图4-92

失败：如图4-93，黑1、3是最坏的下法。

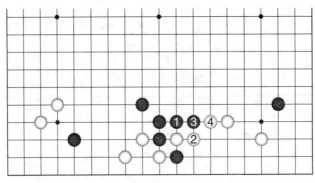

图4-93

转换与腾挪是在一定条件下完成的。一般情况下，双方不正面作战，都要开辟一个新的战场，但这个战场和原来的战场是有关联的，常常使用靠、碰等手段，借力打力，将自己的棋走好。

被断后的处理最常见的方法就是加强自己，削弱对方。当然要是能够将断的棋吃死，将自己的棋连起来是最好的处理方法，但大多时候都是吃不死对方的。在吃不死对方时，千万不要强吃，这样会适得其反，可能会给自己带来很坏的局面，请大家小心！

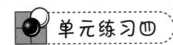

单元练习四

以下均为黑先，按照要求进行解答。

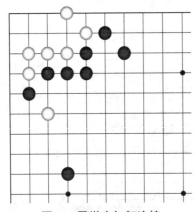

题4-1 黑棋应如何连接

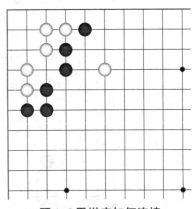

题4-2 黑棋应如何连接

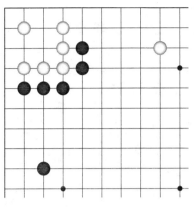

题4-3 黑棋应如何连接

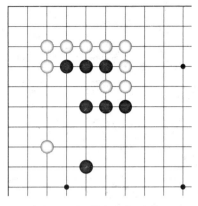

题4-4 黑棋应如何连接

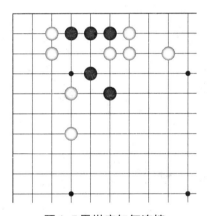

题4-5 黑棋应如何连接

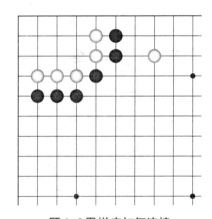

题4-6 黑棋应如何连接

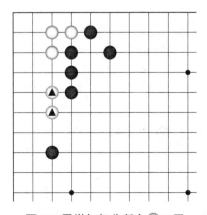

题4-7 黑棋如何分断白▲二子

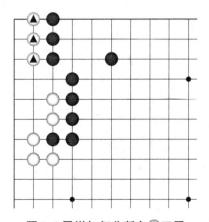

题4-8 黑棋如何分断白▲三子

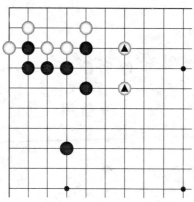

题4-9 黑棋如何分断白▲二子

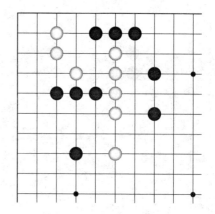

题4-10 黑棋如何分断左右两边的白棋

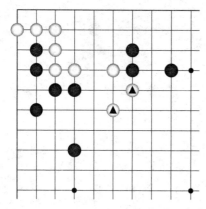

题4-11 黑棋如何分断白▲二子

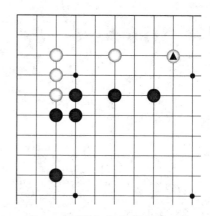

题4-12 黑棋如何分断白▲一子

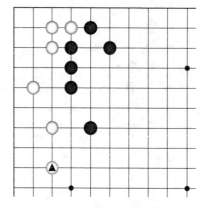

题4-13 黑棋如何分断白▲一子

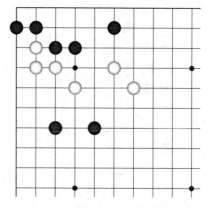

题4-14 黑棋如何分断左右两边的白棋

参考答案

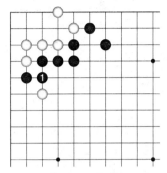

题4-1正解图

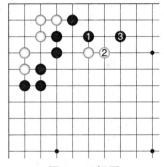

题4-2正解图

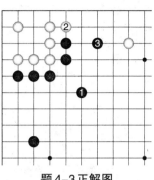

题4-3正解图

题4-1正解图：黑1粘是正确的连接方法。

题4-2正解图：这种棋形黑棋如果再用粘连接就不好了，黑1虎连接是好棋，白2长，黑3跳，黑棋不错。

题4-3正解图：黑1采用飞连接是此时最好的下法，白2拐，黑3跳，黑棋很厚。

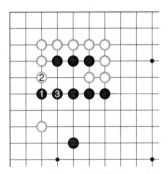

题4-4正解图

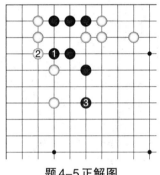

题4-5正解图

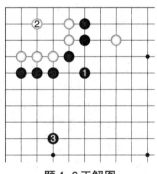

题4-6正解图

题4-4正解图：黑1跳是一着两用的好棋，白2长，黑3粘，黑棋不但起到了连接作用，还断开了白棋一子。

题4-5正解图：黑1双是先手，白2挡，黑3跳是正确的下法。

题4-6正解图：黑1双虎是非常好的连接方法，白2跳补后，黑3拆边，黑棋外势很厚。

题4-7正解图：黑1冲，白2挡，黑3断，以下至黑7，黑棋分断白▲二子。

题4-7正解图

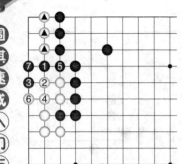
题4-8正解图

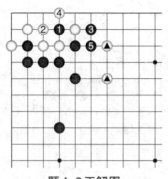
题4-9正解图

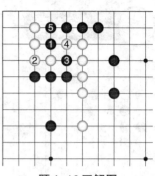
题4-10正解图

题4-8正解图：黑1扳，白2夹，黑3再扳是妙手，以下至黑7，白棋角上▲三子被断开。

题4-9正解图：黑1断打，白2粘，黑3反打是正确次序，白4提，黑5粘，白棋外面的▲二子被断开。

题4-10正解图：黑1尖是要点，白2粘，黑3冲，白4打吃，黑5粘，白棋两边被断开。

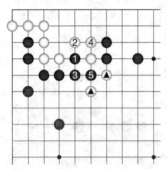
题4-11正解图

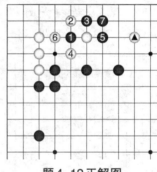
题4-12正解图

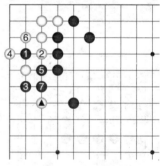
题4-13正解图

题4-11正解图：黑1挖是妙手，白2打吃，黑3粘，白棋出现了两个断点，白4粘，黑5断，白▲二子被断开。

题4-12正解图：黑1靠，白2扳，黑3扭断，白4打吃，黑5反打，白6提，黑7粘，白棋外面▲一子被断开。

题4-13正解图：黑1跨，白2冲，黑3夹，白4打吃，黑5打吃，白6提，黑7粘，白棋外面▲一子被断开。

题4-14正解图

题4-14正解图：黑1跨，白2挡，黑3断，白4打，以下至黑7，白棋两边被断开。

第五章 渡过

前面我们学习了连接与分断的方法,本章我们要学习一些渡过的方法。什么叫渡过?顾名思义就是要从河的这边渡过到河的对岸。渡过又称"间接联络",围棋中的渡过,就是要把自己相隔比较远的棋子连接到一起。

第一节 尖过、跳过

1. 尖过

【例1】如图5-1,黑❷三子被白棋包围,而且与黑棋角上的棋子相隔比较远,那么,黑棋怎样才能救出黑❷三子呢?

失败1:如图5-2,黑1拐,白2挡,黑3扳,白4再扳,黑棋明显不行。黑棋如在A位拐,白2挡,黑3扳,白棋下在B位,黑棋同样也不行。

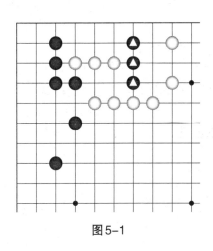

图5-1

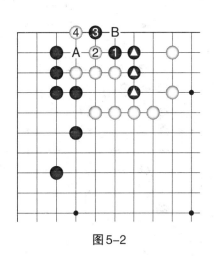

图5-2

失败2：如图5-3，黑1托也不好，白2冲，黑3挡，白4再冲时，黑5挡，出现了打劫，也不是最好的选择。

失败3：如图5-4，黑1小飞行不行呢？黑1小飞时，白2跨正确，至白6，黑棋被断开。

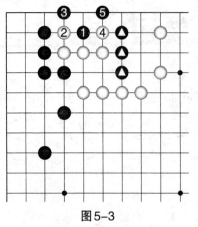

图5-3

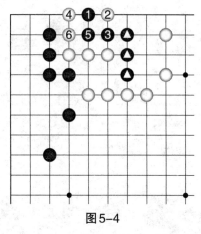

图5-4

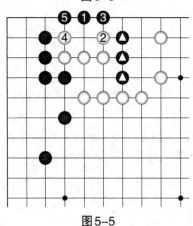

图5-5

变化：如图5-5，刚学棋的爱好者常会犯这样的错，白2冲是俗手，黑3挡，白4再冲，黑5再挡，白棋不行。

正解：如图5-6，黑1小尖是正确下法，白2挡，黑3打吃，白4冲，黑5提，白6打吃，黑7粘，黑棋顺利救出黑△三子，黑棋渡过成功。

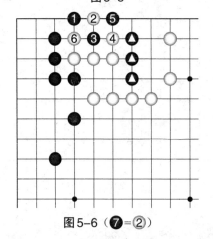

图5-6（❼=❷）

【例2】如图5-7，黑棋如何与白棋对杀呢？

失败1：如图5-8，黑1直接紧气，白2挡，黑3粘，白4也粘，黑5紧气，白6立，以下至白8，黑棋不够气。

失败2：如图5-9，黑1小飞渡过行不行呢？以下白2尖，黑3挡，白4打吃，黑棋明显也不行。

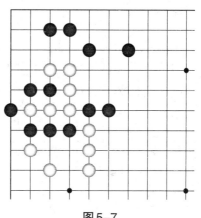

图5-7

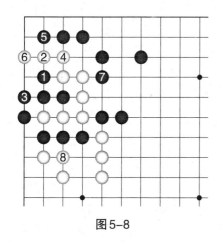

图5-8

图5-9

正解：如图5-10，黑1小尖是绝对好棋，当白2冲时，黑棋千万不要粘，而是在3位挡，白4提，黑5回提，黑棋成功联络。

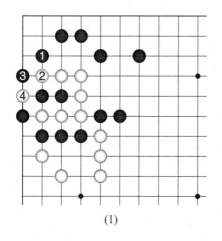

(1)

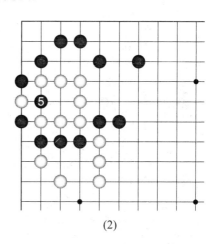

(2)

图5-10

2. 跳过

【例3】如图5-11，黑❶三子如何逃出？

失败1：如图5-12，黑1拐不好，白2扳，黑3虽然有夹，但是白4粘，黑5渡过，白6冲，黑7挡，白8打吃，黑❶三子依然逃不出去。

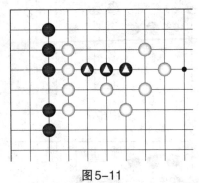

图5-11

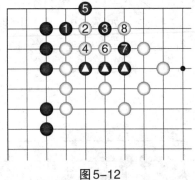

图5-12

失败2：如图5-13，黑1跳是好棋，白2冲，黑3挡，白4再冲时，黑5直接挡不好，以下白6打吃，黑7粘，白8退，黑❶三子还是没逃出去。

正解：如图5-14，黑1跳，白2冲，黑3挡，当白4冲时，黑5退是好棋，白6再冲时，黑7再挡，这时白棋不能在A位断，黑❶三子顺利逃出。

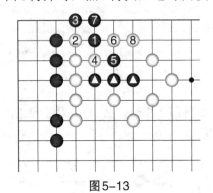

图5-13

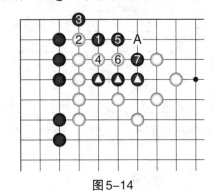

图5-14

【例4】如图5-15，黑❶四子如何渡过？

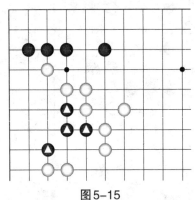

图5-15

正解：如图5-16，黑1跳是正确下法，白2冲，黑3挡，白4粘时，黑5退是好棋，黑棋安全渡过。

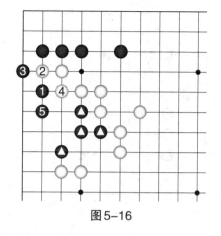

图 5-16

第二节　飞过、夹过

1. 飞过

【例5】如图5-17，黑▲二子能不能与角上三子连上呢？

失败1：如图5-18，黑1跳不好，白2冲，黑3挡，白4打吃，黑5粘，白6打吃，黑棋被断开。

失败2：如图5-19，再看看黑1小尖行不行。白2挡，黑3夹，白4立，黑5挖，白6打吃，黑7粘，白8断打，黑棋还是不行。

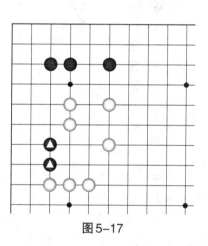

图 5-17

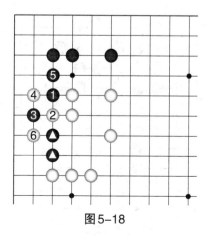

图 5-18

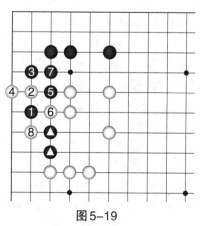

图 5-19

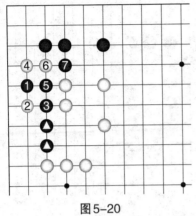

图5-20

正解：如图5-20，黑1小飞才是正确的渡过方法，白2如跨断，黑3冲，白4夹时，黑5粘，白6冲，黑7断，此时白棋跨断不成立，黑棋渡过成功。

【例6】如图5-21，黑棋如何救回黑❷三子？

失败：如图5-22，黑1打吃，贪吃不好，白2反打，黑3提，白4立，黑5断时，白6拐，黑7扳，白8断，黑棋被断开，渡过失败。

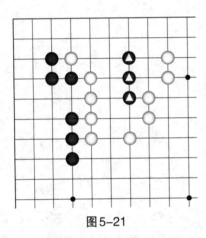

图5-21

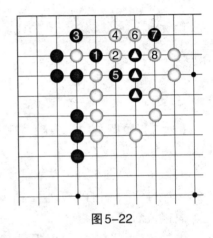

图5-22

正解：如图5-23，黑1小飞是此时渡过的最好下法，白2挡，黑3断，白棋明显不行。

变化：如图5-24，黑1小飞时，白2如粘，黑3爬，白4扳，黑5断，白6爬，黑7扳，白棋被吃，黑❷三子成功渡过。

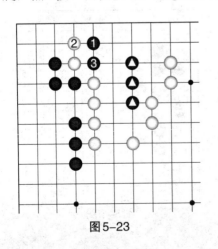

图5-23

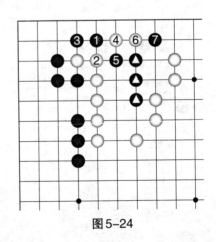

图5-24

2. 夹过

【例7】 如图5-25，黑❶三子如何与角上的黑棋连接呢？

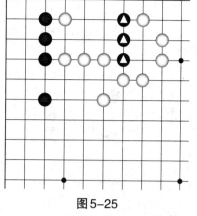

图 5-25

失败1：如图5-26，黑1冲不好，白2挡，黑3打吃，白4反打是好棋，以下黑5提，白6立，黑棋如在A位断，白棋就在B位拐，黑棋如在B位挡，白棋就在A位粘，黑棋渡过失败。

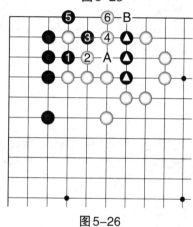

图 5-26

失败2：如图5-27，黑1扳也不好，白棋不要在3位挡，而是要在2位长，黑3爬，白4打吃，黑5粘，白6也粘，黑棋被断开。

正解：如图5-28，黑1夹才是渡过的唯一下法，白2粘，黑3渡过，白2如在3位立，黑棋就在2位冲，以下白棋如在A位断，黑棋就在B位粘，白棋明显不够气，黑棋渡过成功。

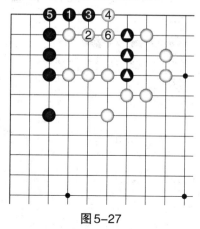

图 5-27

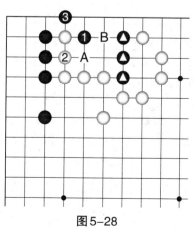

图 5-28

【例8】如图5-29，黑△二子如何渡过？

正解：如图5-30，黑1夹是正解下法，白2粘，黑3渡过，黑△二子渡过成功。

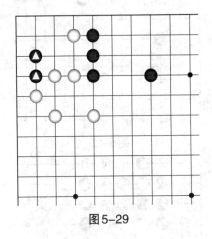

图5-29

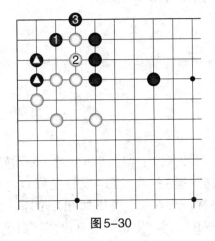

图5-30

第三节　扳过、挤过

1. 扳过

【例9】如图5-31，黑△二子如何渡过与角上三子连接？

失败：如图5-32，黑1挤，不好，白2立，黑3断，白4拐，黑5挡，以下至白8，黑棋不够气，渡过失败。

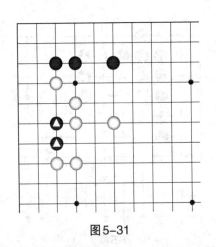

图5-31

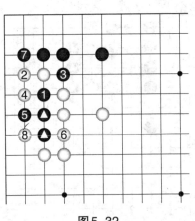

图5-32

正解：如图5-33，黑1扳是正确下法，白2如也扳，黑3断打，白4粘，黑5打吃白2一子，黑棋渡过成功。

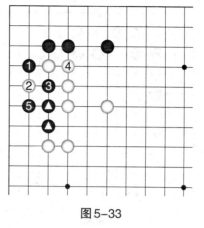

图5-33

【例10】如图5-34，黑▲三子如何渡过与黑棋角上二子连接？

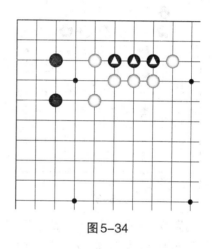

图5-34

正解1：如图5-35，黑1扳是正确下法，白2如扳，黑3断打，白4粘，黑5一定要粘，不要在A位打吃白2一子，否则白棋就在黑5位反打，黑棋如在B位提，白就在C位门吃黑▲三子。

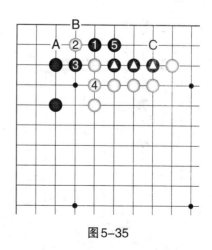

图5-35

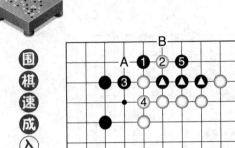

图 5-36

正解2：如图5-36，黑1扳时，白2如断，黑棋不要先在5位打吃白棋，否则白棋会在A位反打，黑棋在B位提，白棋下在3位，黑棋被断开，所以黑3应先打吃白棋，白4粘后，黑5再打吃白2一子，黑棋渡过成功。

2. 挤过

【例11】如图5-37，黑▲三子如何渡过？

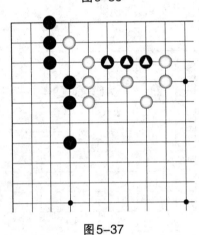

图 5-37

失败1：如图5-38，黑1冲，白2挡，黑3立，白4接，黑棋明显不行。

失败2：如图5-39，黑1跳行不行呢？白2断，黑3打吃，白4粘，黑棋还是不行。

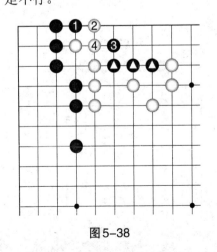

图 5-38   图 5-39

正解：如图5-40，黑1挤是妙手，白2打吃时，黑3立，白棋在5位不入气，只好在4位粘，黑5再粘，顺利渡过。

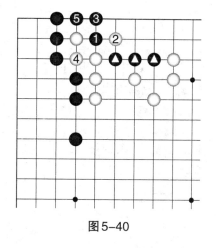

图5-40

第四节 托过、巧过

1. 托过

【例12】如图5-41，黑⚫四子如何渡过与角上黑棋连接？

失败：如图5-42，黑1挖不好，白2打吃，黑3退，白4粘后，A位是虎口，黑棋明显不行。

正解：如图5-43，黑1托是渡过的最好下法，白2扳，黑3断，白4打吃，黑5反打，白6粘，黑7粘，成功渡过。

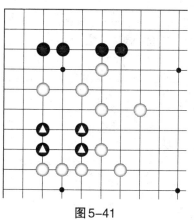

图5-41

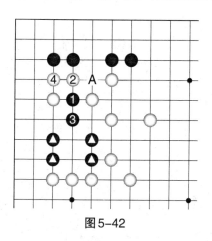

图5-42

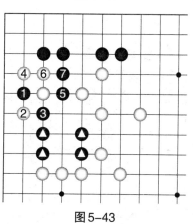

图5-43

变化：如图5-44，黑1托时，白2如从另一边扳，黑3断，白4打吃，黑5反打，白6粘，黑7挡后，A位也出现了虎口，黑棋成功渡过。

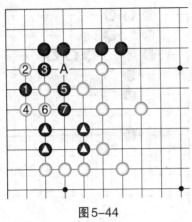

图5-44

【例13】如图5-45，黑棋如何把黑△四子救出来？

失败1：如图5-46，黑1挤是俗手，白2立，黑3如断，以下白4打吃，黑5粘，白6打吃，黑棋被杀。

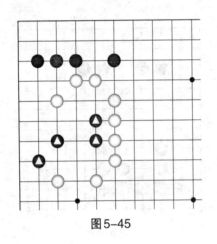

图5-45

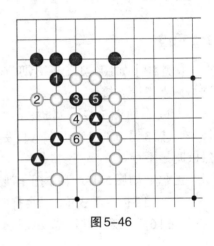

图5-46

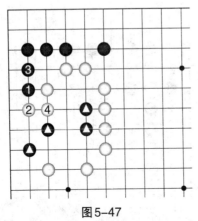

图5-47

失败2：如图5-47，黑1托是好棋，但是白2扳时，黑3粘是大坏棋，白4再粘，黑棋还是逃不出去。

正解：如图5-48，黑1托，白2扳，黑3一定要断，当白4打吃黑1时，黑5也要断打，白6如在7位粘，黑棋就在A位提掉白4，白6如提掉黑1，黑7断打，白棋明显不够气，黑棋渡过成功。

2. 巧过

【例14】如图5-49，白▲子的刺非常严厉，黑棋同时出现了A、B两个断点，这时黑棋应该想一个非常巧妙的下法把两个断点都连接上。

失败1：如图5-50，黑1粘不好，白2断，黑▲四子被断掉。

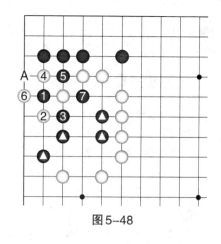

图5-48

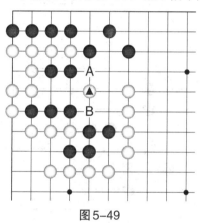

图5-49

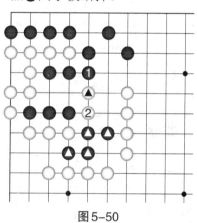

图5-50

失败2：如图5-51，黑1粘另一边也不好，白2断，黑3挖，白4打吃，黑5断，白6提，黑棋数子全部被吃掉。

正解：如图5-52，黑1挖才是此时最巧妙的渡过方法，白2打吃，黑3粘，白4提，黑5再粘，黑棋数子全部连回家。

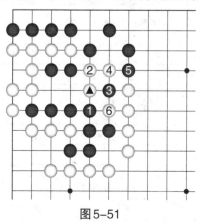

图5-51

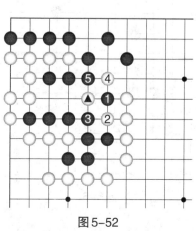

图5-52

单元练习五

如何使黑△子成功渡过?

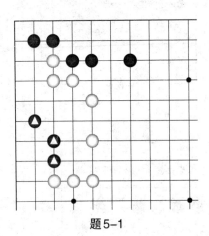

题 5-1

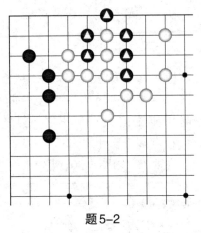

题 5-2

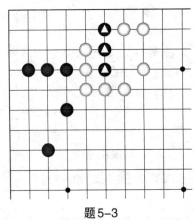

题 5-3

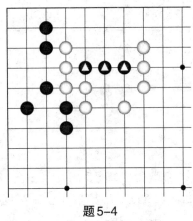

题 5-4

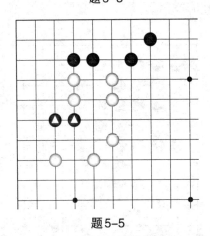

题 5-5

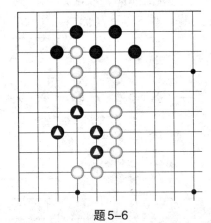

题 5-6

渡／过

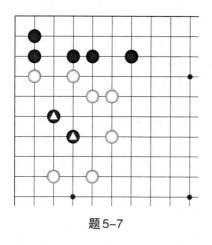

题 5-7

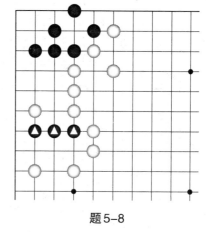

题 5-8

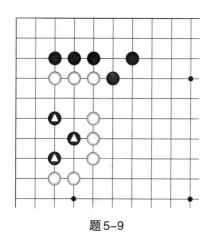

题 5-9

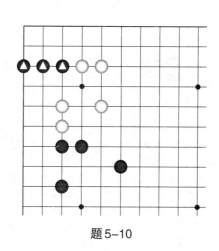

题 5-10

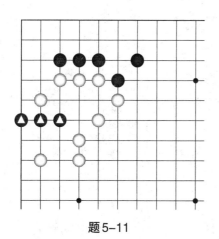

题 5-11

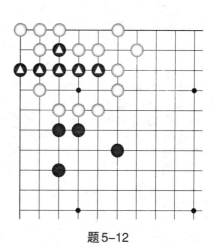

题 5-12

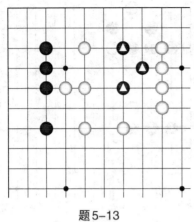

题 5-13

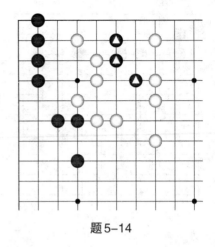

题 5-14

参考答案

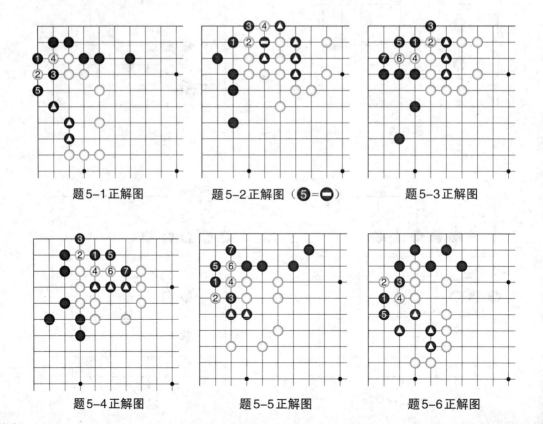

题 5-1 正解图　　　题 5-2 正解图（❺=➖）　　　题 5-3 正解图

题 5-4 正解图　　　题 5-5 正解图　　　题 5-6 正解图

第五章

渡／过

题 5-7 正解图　　题 5-8 正解图　　题 5-9 正解图 1

题 5-9 正解图 2（⑧=❶，白死）　　题 5-10 正解图　　题 5-11 正解图

题 5-12 正解图　　题 5-13 正解图　　题 5-14 正解图

第六章 对杀知识

对杀的方法在围棋中非常多,而且十分复杂,对杀时主要是靠准确的计算,计算得越准确,杀棋的成功率就越高,本章我们要学习一些对杀的基础知识和一般常见的对杀方法。

第一节 有眼杀无眼

【例1】如图6-1,在对杀时,做眼是非常重要的,有眼的一方杀死无眼的一方,叫作"有眼杀无眼",本图黑棋有眼,白棋还没有眼,黑棋怎样吃掉白棋?

正解:如图6-2,黑1扳不让白棋做眼是正确下法,白棋无法在A位紧气,虽然黑棋也不能马上下在A位,但是,黑棋可以先下在B位,再下在C位紧白棋的外气,这样就可以利用有眼杀无眼吃掉白棋。

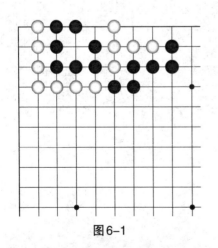

图6-1

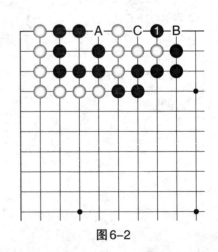

图6-2

● 做眼法

【例2】如图6-3，黑棋如何杀掉白▲五子？

正解：如图6-4，黑1做眼是好棋，白2紧气，黑3再紧外气，白4也紧外气，以下至黑7后，白棋A位不入气，黑棋有眼杀无眼，对杀成功。

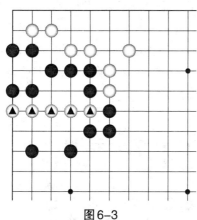

图6-3

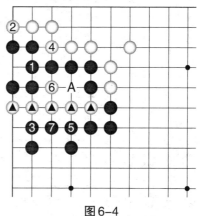

图6-4

【例3】如图6-5，黑棋如何与白▲四子对杀？

失败：如图6-6，黑1紧气不对，白2打吃，黑3粘，白4再打吃，黑5粘，以下至白8，黑棋被杀。

正解：如图6-7，黑1做眼才是正确下法，白2打吃，黑3粘，白4紧气，黑5也紧气，当白6立时，黑7扑，白▲四子差一气被吃掉，黑棋对杀成功。

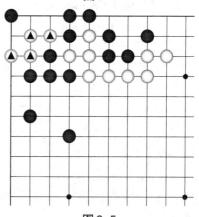

图6-5

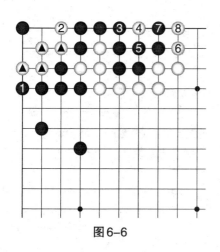

图6-6

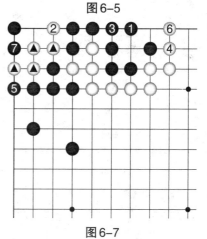

图6-7

【例4】如图6-8，黑△五子如何与白棋对杀？

失败：如图6-9，黑1冲是大俗手，白2粘做眼，黑3紧气，白4粘，黑5紧气，白6也紧气，黑棋明显不够气，黑棋对杀失败。

正解：如图6-10，黑1断是好棋，白2打吃，黑3打吃，白4提，以下至黑7，白棋被杀。

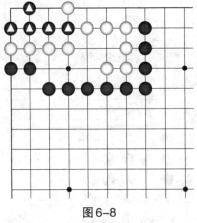

图6-8

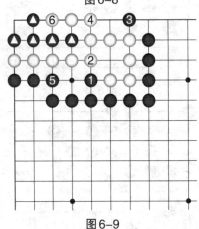

图6-9

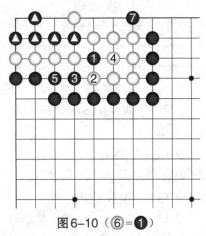

图6-10（⑥=❶）

【例5】如图6-11，黑△四子如何利用破眼法杀掉白棋？

失败1：如图6-12，黑1点，白2挡，黑3破眼，白4紧气，黑5紧气，白6打吃，黑棋虽然破掉了白棋的眼，但是黑△四子明显不够气，黑棋对杀失败。

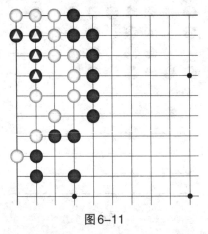

图6-11

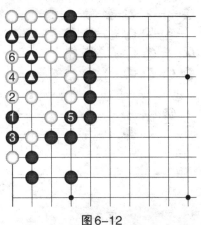

图6-12

失败2：如图6-13，黑1紧气，白2粘，黑3做眼，白4挡，黑5点，白6粘，黑7打吃，白8提，这样出现了有眼双活，黑棋还是不好。

正解：如图6-14，黑1扑是好棋，白2提太弱了，黑3打吃，白4粘，以下至黑7，黑棋很简单就吃掉了白棋。

变化：如图6-15，黑1扑时，白2粘是此时最顽强的下法，但是，黑3再扑更妙，白4提，黑5打吃，白6粘，黑7做眼，白棋在A位不入气，黑棋有眼杀无眼，对杀成功。

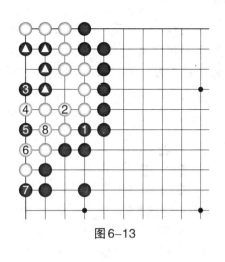

图6-13

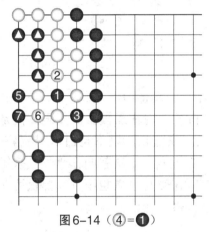

图6-14（④=❶）

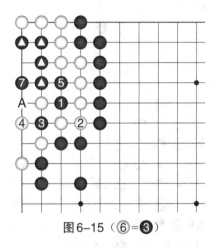

图6-15（⑥=❸）

第二节 长气杀短眼

1. 长气法

【例6】如图6-16，黑▲三子明显没有眼，白▲六子有一只眼，那么黑棋如何杀掉白棋呢？

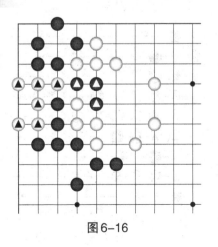

图6-16

失败1：如图6-17，在对杀时首先要数气，现在黑棋有两气，白棋有三气，黑棋直接紧气肯定不够气，那么黑棋就应该先在外面长气。黑1打吃不好，白2粘，黑3粘，白4紧气，黑5也紧气，白6打吃，黑棋对杀失败。

失败2：如图6-18，黑1冲吃怎么样？白2挡，黑3打吃，白4粘，黑5长，白6挡，黑7紧气，白8打吃，黑棋还是差一气。

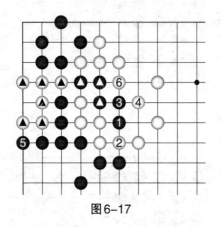

图6-17

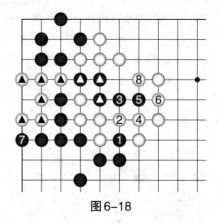

图6-18

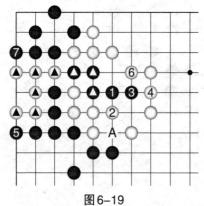

图6-19

正解：如图6-19，黑1先长，白2紧气，黑3再长，现在黑棋虽然无眼，但是黑棋气比白棋气长，以下至白8，黑▲三子吃掉了白▲六子，这就叫作"长气杀短眼"。白2如在3位紧气也不行，黑棋可在A位门吃白棋。

【例7】如图6-20，黑▲五子能不能杀掉白▲六子？

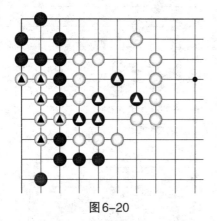

图6-20

失败1：如图6-21，黑1直接紧气明显不好，白2扑，黑3粘，白4紧气，黑5粘，白6打吃，黑棋气不够，黑棋对杀失败。

失败2：如图6-22，黑1粘也不好，白2紧气，黑3也紧气，以下至白6，黑棋还是不够气。

正解：如图6-23，黑1冲是好棋，白2挡，黑3粘，白4只好接，否则白棋在4位被关门吃，接下来黑5紧气，白6打吃，黑7紧气，白8也紧气，黑9打吃，白棋被杀掉，黑棋对杀成功。

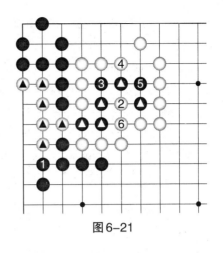

图6-21

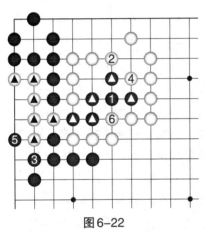

图6-22

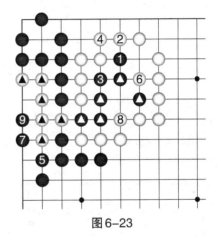

图6-23

2. 紧气法

【例8】如图6-24，黑⊿二子如何与白▲五子对杀？

失败1：如图6-25，黑1扳紧气，白2挡，黑3粘，白4做眼，黑5破眼，白6紧气，黑7退，白8打吃，黑棋明显不够气。

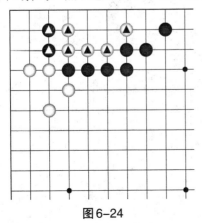

图6-24

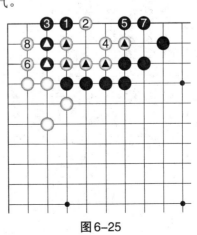

图6-25

失败2：如图6-26，黑1如做眼，白2点是此时的妙手，黑3挡，白4紧气，黑棋明显不够气。

正解：如图6-27，黑1断是好棋，白2打吃，黑3扳打，白4提，黑5粘，白6做眼，黑7小尖是妙手，白8紧气，黑9打吃，黑棋对杀成功。

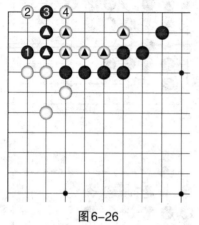

图6-26

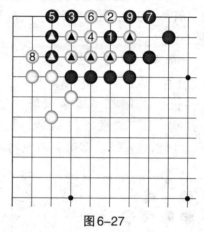

图6-27

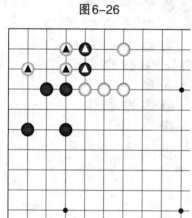

图6-28

【例9】如图6-28，黑▲二子如何杀掉白▲三子？

失败：如图6-29，黑1夹不好，白2粘，黑3虽然能渡过，但是被白4打吃后，以下至白10，黑棋明显不够气。

正解：如图6-30，黑1冲，白2挡，黑3断是正确下法，白4打吃，黑5立，让白棋多吃一子是杀棋的要点，白6打吃，黑7也打吃，白8提。

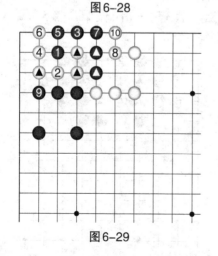

图6-29

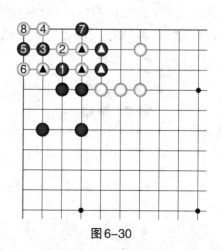

图6-30

如图6-31，接图6-31，黑9扑是紧气的关键，白10提，黑11连，白12紧气，黑13打吃，白棋被吃。其中，黑3断、5立，是典型的"大头鬼"。

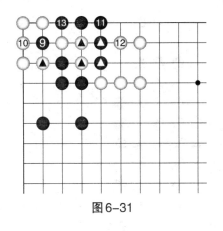

图6-31

第三节　大眼杀小眼

1. 扩大眼位

【例10】如图6-32，在对杀中，如果双方都有眼，就要看哪一方的眼大，大眼的一方杀掉小眼的一方，就叫作"大眼杀小眼"，那么，本图中黑五子与白▲七子对杀是谁杀谁呢？

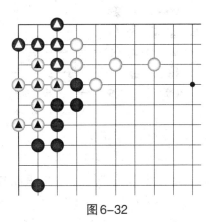

图6-32

正解：如图6-33，黑1先要紧外气，白2也紧外气，黑3打吃，白棋被杀掉。如果改为白先，将成为双活，读者可以自己验证。

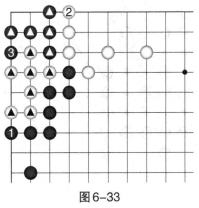

图6-33

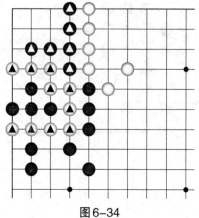

图6-34

【例11】如图6-34，黑先，黑▲六子如何与白△数子对杀？

失败1：如图6-35，黑1挡是错误的下法，角上黑棋正好出现了不松气的板六，白2点，黑3夹，白4长，黑5如粘，白6拐，黑棋角上是弯三，而白棋里面的黑棋是丁四，黑棋明显不够气。

失败2：如图6-36，黑1弯看似是好棋，但是白2托，黑3断，白4扳，黑棋角上是打劫活，黑棋不满意。

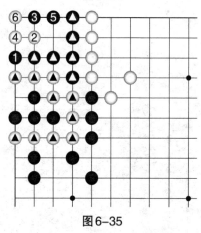

图6-35

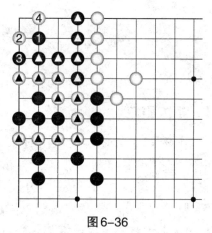

图6-36

正解：如图6-37，黑1下二·一是正确下法，白2点，黑3粘是要点，这样黑棋角上是刀把五，白棋里面是丁四，黑棋比白棋眼大，白4紧气，黑5紧外气，白6再紧气，黑7打吃，白8提。

如图6-38，黑9点，白10打吃，黑11提。

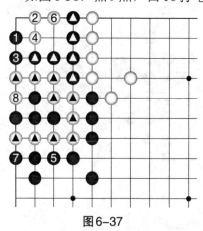

图6-37

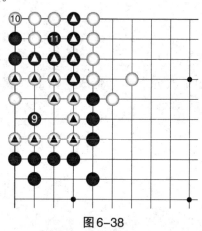

图6-38

如图6-39，当白12点时，黑棋明显比白棋快一气，黑棋对杀成功。

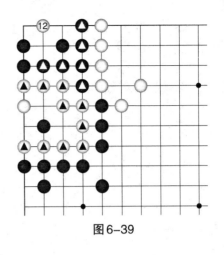

图6-39

2. 缩小眼位

【例12】如图6-40，现在角上白⚫四子的眼位明显比黑⚫六子的眼位大，那么，黑棋如何利用缩小白棋眼位的方法杀掉白棋呢？

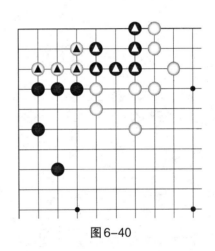

图6-40

失败1：如图6-41，黑1扳不好，虽然也在缩小白棋的眼位，但是，白2挡，黑3点，白4立，黑5粘，白6也粘，黑7长，白8冲，黑9挡，白10紧气，黑棋比白棋慢一气。

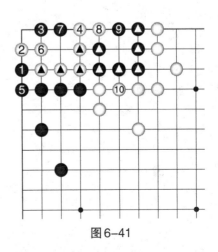

图6-41

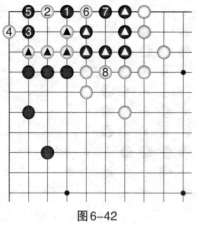

图6-42

失败2：如图6-42，再看黑1在另一边扳行不行？白2挡，黑3夹，白4扳，黑5立，白6提，黑7打吃，白8紧气，这样出现了打劫杀，黑棋还是不成功。

失败3：如图6-43，黑1夹也不好，白2扳，黑3立，白4也立下，黑5紧气，白6粘，黑棋明显不够气。

正解：如图6-44，黑1点二·一是此时缩小白棋眼位的最好下法，白2挡，黑3长，白4立，黑5紧气，白6夹，黑7长，白8打吃，黑9紧气，白棋明显不够气，黑棋对杀成功。

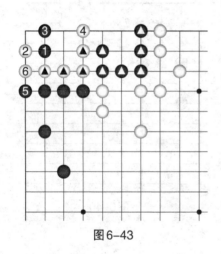

图6-43

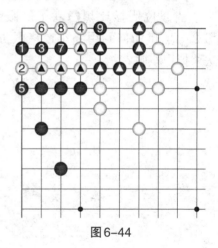

图6-44

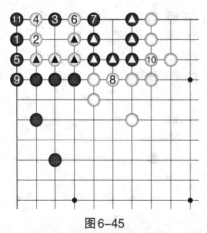

图6-45

变化：如图6-45，黑1点时，白2如果弯，黑3再点，白4挡，黑5退，白6打吃，黑7紧气，以下至黑11，黑棋比白棋快一气。黑棋利用缩小白棋眼位的方法，杀掉了白▲四子，黑棋对杀成功。

第四节 计算大眼的气数

1. 直三、弯三有几气

【例13】如图6-46，前面我们学习了大眼杀小眼，下面我们学习怎样计算大眼的气数。首先我们来计算一下白棋的直三有几气呢？

正解：如图6-47，黑▲四子外面有三气，白棋看起来也只有三气，黑1点，白2紧气，黑3扑，白4打吃，黑棋在A位提，黑棋用三手棋吃掉白棋，所以，白棋的直三只有三气。

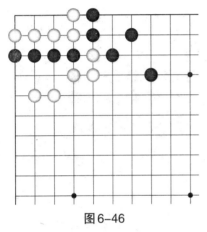

图6-46

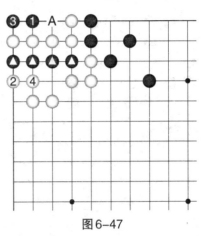

图6-47

【例14】如图6-48，下面再来计算一下白棋弯三的气数。

正解：如图6-49，黑▲五子外面是三气，黑1点，白2紧气，黑3扑，白4打吃，黑棋在A位提，黑棋也是快一气吃掉白棋，由此看来直三和弯三同样都是有三气。

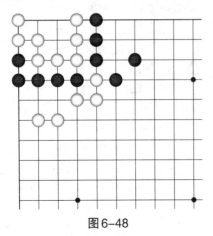

图6-48

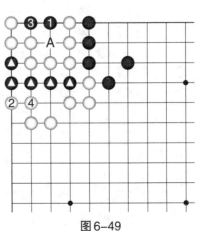

图6-49

2. 丁四、方四有几气

【例15】如图6-50，现在我们再来计算一下白棋的丁四有几气呢？

正解：如图6-51，黑▲六子看起来有四气，看一看能不能杀死白棋的丁四？黑1点，白2紧气，黑3扑，白4紧气，以下至白6提。

如图6-52，黑7点眼，白8打吃，白棋比黑棋快一气，所以，白棋的丁四不是只有四气。

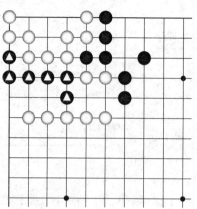

图6-50

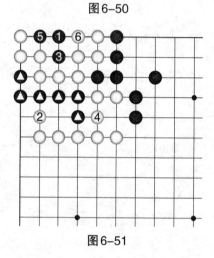

图6-51

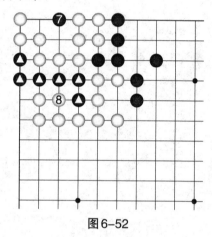

图6-52

【例16】如图6-53，再看一看黑▲六子有五气，能不能杀死白棋的丁四呢？

正解：如图6-54，黑1点，白2紧气，以下至白6，白棋成弯三。

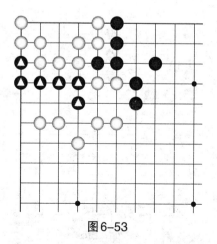

图6-53

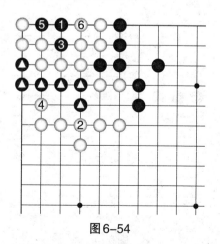

图6-54

如图6-55，黑7点眼，白8紧气，黑9打吃，白棋被吃，黑棋比白棋块一气，所以，白棋的丁四有五气。

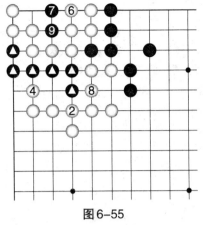

图6-55

【例17】如图6-56，下面我们再来计算一下白棋的方四有几气？

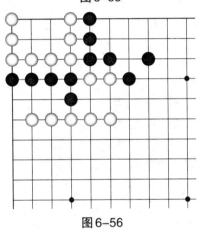

图6-56

如图6-57，黑▲五子现在有四气，那么，看一看白棋的方四是不是也有四气。黑1点，白2紧气，黑3紧气，白4再紧气，黑5扑，白6提。

如图6-58，黑7点，白8打吃，黑棋比白棋差一气，所以，白棋的方四也不是只有四气。

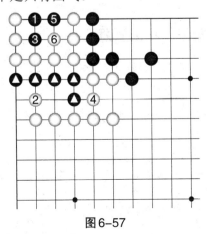

图6-57

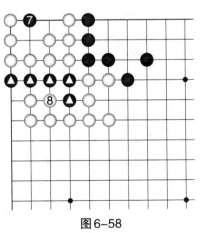

图6-58

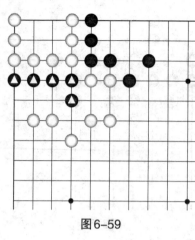

【例18】如图6-59，现在黑▲五子有五气了，再看一看黑棋能不能杀死白棋的方四？

图6-59

如图6-60，黑1点，白2紧气，以下至白6提。

如图6-61，接图6-59，黑7再点，白8紧气，黑9扑，黑棋比白棋快一气，现在看来，白棋的方四也是有五气。

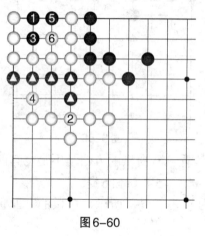

图6-60

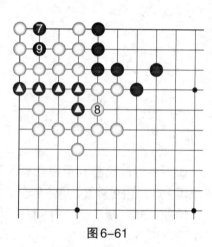

图6-61

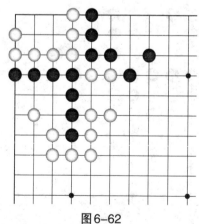

图6-62

3. 刀把五、梅花五有几气

【例19】如图6-62，接下来我们再来计算一下刀把五有几气。

如图6-63，黑▲七子现在只有五气，下面我们看一看黑棋五气，能不能杀死白棋的刀把五呢？黑1点，白2紧气，黑3长，白4再紧气，黑5拐，白6紧气，黑7扑吃，白8提。

如图6-64，黑9再点，白10打吃，明显黑棋不够气，所以，白棋的刀把五不是只有五气。

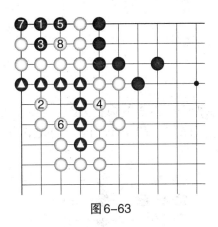

图6-63

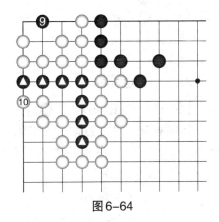

图6-64

【例20】如图6-65，现在黑▲七子有八气了，是不是能够杀死白棋的刀把五了呢？

如图6-66，黑1点眼，白2紧气，以下至白8提。

如图6-67，黑9点眼，白10紧气，以下至白14提。

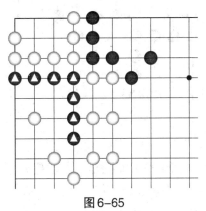

图6-65

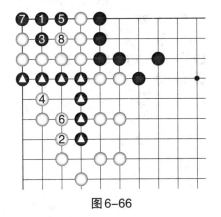

图6-66

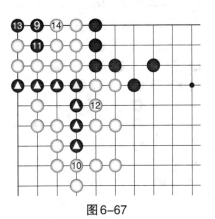

图6-67

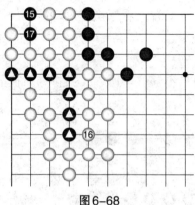

图6-68

如图6-68，黑15点眼，白16紧气，黑17打吃，白棋被吃，黑棋比白棋快一气，所以，刀把五有八气。

【例21】如图6-69，黑▲八子有五气，能否杀死白棋的梅花五？

如图6-70，黑1点眼，白2紧气，以下至白8提，黑9点，白10打吃，黑棋不够气，所以，白棋的梅花五不是只有五气。

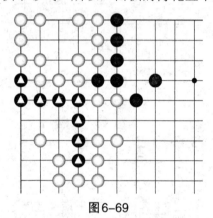

图6-69

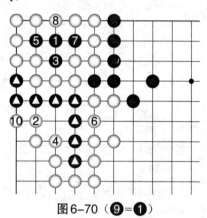

图6-70（⑨=❶）

【例22】如图6-71，黑▲八子现在只有八气，黑棋能不能杀死白棋呢？

如图6-72，黑1点眼，白2紧气，以下至白8提。

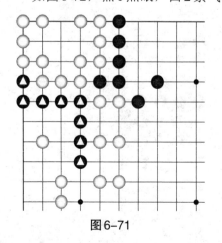

图6-71

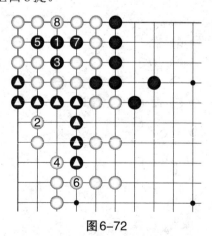

图6-72

如图6-73，黑9点眼，白10紧气，以下至白14提。

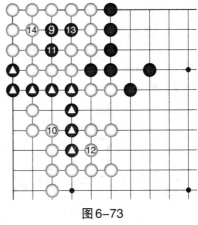

图6-73

如图6-74，黑15点眼，白16紧气，黑17打吃，白棋被吃，黑棋比白棋多一气，所以，梅花五也有八气。

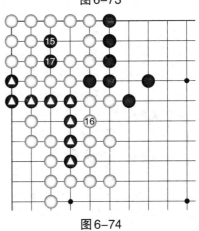

图6-74

4. 葡萄六有几气

【例23】图6-75，下面再看一看葡萄六有几气。

如图6-76，黑▲数子现在有六气，黑棋能不能杀死葡萄六呢？黑1点，白2紧气，以下至白10提。

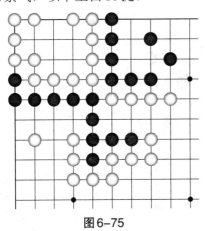

图6-75

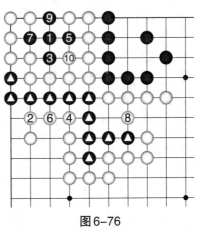

图6-76

如图6-77,黑11点眼,白12打吃,黑棋被吃,所以,白棋的葡萄六不只有六气。

【例24】如图6-78,现在的黑⚫数子已经有十二气了,再看一看黑棋是否能够杀死白棋的葡萄六呢?

如图6-79,黑1点,白2紧气,以下至白10提。

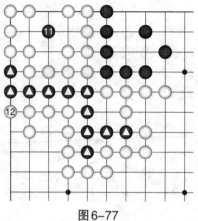

图6-77

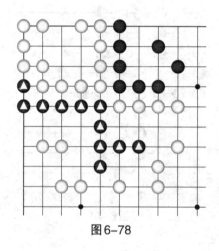

图6-78

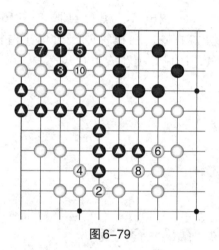

图6-79

如图6-80,黑11点眼,白12紧气,以下至白18提。

如图6-81,黑19点眼,白20紧气,以下至白24提。

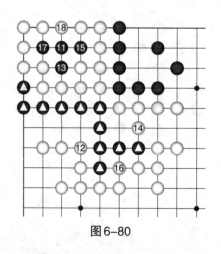

图6-80

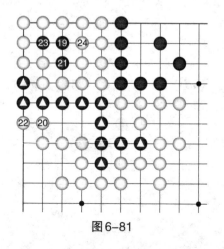

图6-81

如图6-82，黑25点眼，白26紧气，黑27打吃，白棋被吃，白棋比黑棋差一气。所以，葡萄六有十二气。

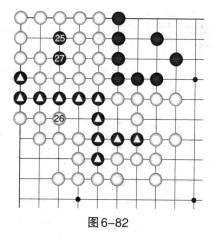

图6-82

大眼气数的口诀

前面通过对大眼气数的研究，我们总结出了一个大眼气数的口诀，叫作：

三3、四5、五8、六12

意思就是：直三、弯三有三气；丁四、方四有四气；刀把五、梅花五有八气；葡萄六有十二气。

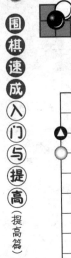

单元练习六

以下对杀均为黑先,注意有标记的棋子。

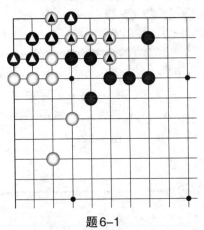

题 6-1

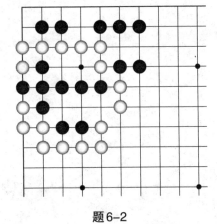

题 6-2

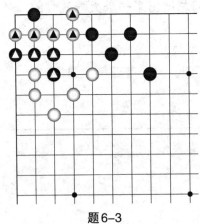

题 6-3

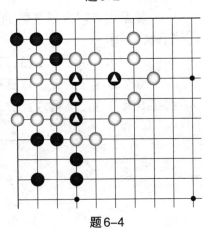

题 6-4

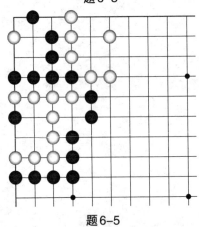

题 6-5

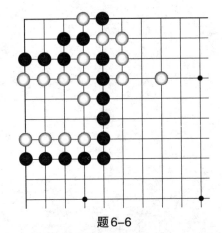

题 6-6

第六章

对/杀/知/识

题 6-7

题 6-8

题 6-9

题 6-10

题 6-11

参考答案

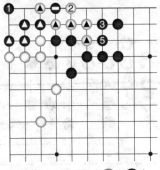

题6-1正解图（④=●）

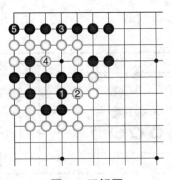

题6-2正解图

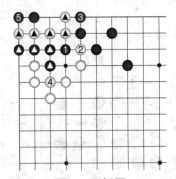

题6-3正解图

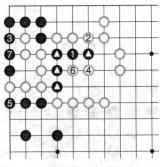

题6-4正解图

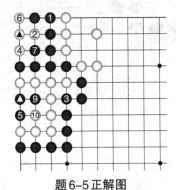

题6-5正解图
（⑧=▲，⑪=▲）

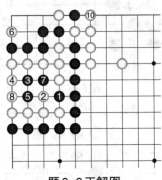

题6-6正解图
（⑨=③，⑪=⑦）

题6-5正解图：黑1连，扩大眼位，好棋！白2紧气，黑3紧气，以下至黑7提，白8点，黑9紧气，白10提，黑11点，形成黑棋丁四对白棋弯三，白棋被杀。

题6-6正解图：黑1冲，缩小眼位，好棋！白2挡，黑3点眼，白4、黑5长，破眼，白6紧气，黑7紧气，白8提，黑9点，白10提，黑11紧气，白棋被杀。

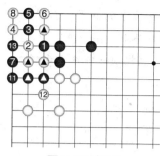

题6-7正解图
(⑨=❸, ⑩=❺)

题6-7正解图：黑1冲，好棋！白2挡，黑3断，好棋！白4打吃，黑5立，好棋！黑9扑，紧气的要点，以下至黑13，白棋被吃。其中，黑1、3、5是典型的"大头鬼"。

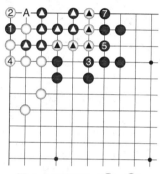

题6-8正解图（⑥=❶）

题6-8正解图：黑1扑，妙手！白2只能提。由于白棋A位不入气，黑1一着棋就为自己延长了两气，至黑7，白棋被杀。

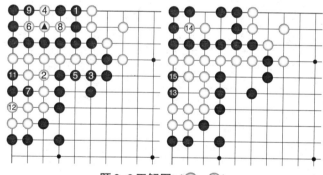

题6-9正解图（⑩=▲）

题6-9正解图：黑1粘，白2也粘，这两手意思是相同的，都是为了将棋形走完整，我们已经学过，不完整的棋形对气数、死活是有影响的。以下黑3至白12各自紧气。至黑15，白棋被杀。

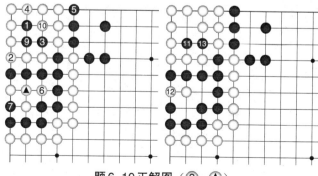

题6-10正解图（⑧=▲）

题6-10正解图：从题目中可以看出，黑白双方都是刀把五的棋形，因此黑1点是必然。白2粘，补棋，黑3断好棋，下一步可在4位打吃，因此白4必须连，以下黑5至白10各自紧气。至黑13，白棋被杀。

题6-11正解图（⑬=▲）

题6-11正解图：黑1点是破眼的好手，白棋如不理，黑棋可在4位紧气，白棋不行。白2挡，黑3扳，继续破眼，白4连，至黑15，黑棋快一气杀死白棋。

第七章　打劫的常识

打劫是下围棋时经常出现的一种情况，但是，有的爱好者就是怕打劫，俗话说"下手怕打劫"。本章我们要学习一些打劫的基本常识，下面我们就来介绍一些劫的种类。

第一节　劫的种类

1. 单劫

打劫时，黑白双方只关系到一个子的得失就称为"单劫"。

【例1】如图7-1，黑1提白▲子就是单劫，反过来，白棋下在▲位也提黑棋一子。单劫是围棋中最小的劫，也是最不重要的劫，一般情况下，不要打这样的劫，只有在胜负非常微细的局面下，这种劫才有打的必要。

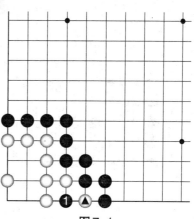

图7-1

2. 无忧劫

对自己的一方没有影响的劫就称为"无忧劫"。

【例2】如图7-2，黑1提劫，这个劫黑棋打赢可以吃掉白▲四子，打不赢吃不着白棋，对黑棋没有什么影响，因此，这个劫对黑棋来讲就是无忧劫。

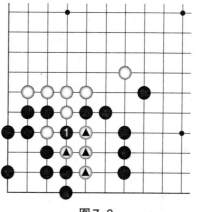

图7-2

129

3. 生死劫

所谓生死劫就是关系到双方很多棋子的生死存亡的大劫，一般来讲，这样的劫将影响一局棋的胜负，打赢则胜，打败则负。

【例3】如图7-3，黑1提劫，黑棋打赢不仅可以救活黑▲数子，而且还能吃掉白▲数子；反过来，白棋若打赢这个劫，可以救活白▲数子，吃掉黑▲数子，这样的劫称为生死劫。

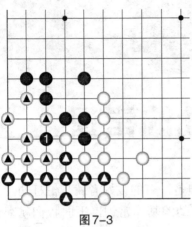

图7-3

4. 紧气劫

提劫之后还可以继续提掉对方的棋筋，这样的劫就称为"紧气劫"。

【例4】如图7-4，黑1提劫后，下一步可以在A位继续提白▲数子，因此，这个劫就是紧气劫。

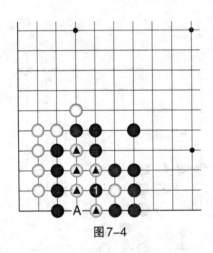

图7-4

5. 缓气劫

提劫之后不能直接提筋对方的棋筋，需要再下一步或几步棋才能打吃对方的棋筋，这样的劫称为"缓气劫"。

【例5】如图7-5，黑1提劫后，由于白▲四子还有两气，黑棋不能继续提白棋，故称为缓气劫。

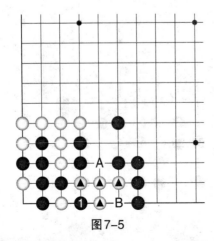

图7-5

6. 先手劫、后手劫

劫出现后，先提劫一方是先手劫，另一方就是后手劫。

【例6】如图7-6，黑1提劫，打吃白棋就是先手劫，而白棋需要找劫材，才能提回，白棋就是后手劫。

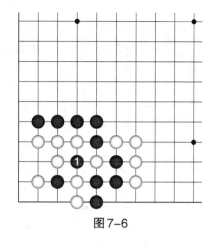

图7-6

7. 本身劫

参与打劫的棋本身就有劫材，这样的劫称为"本身劫"。

【例7】如图7-7，当白▲子提劫后，黑1打吃就是本身劫，因为若提了白⊖子，黑▲三子也能救出。

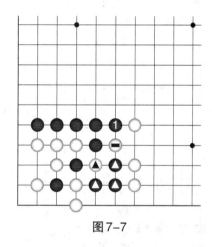

图7-7

8. 循环劫

一块棋有两个或两个以上的劫，对方提一个劫，己方提另一个劫，永远不用找劫材，就称为循环劫。

【例8】如图7-8，黑1提劫，白2提劫，黑棋去找劫材，之后黑棋下在▲位将白2提回，而白棋就下在△位提回黑1，像这样白棋不用找劫材，可以两个劫提来提去，就称为循环劫。

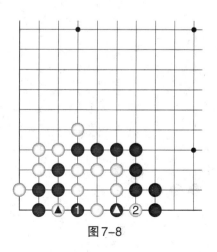

图7-8

第二节 劫的运用

1. 利用打劫活棋

利用打劫活棋又称为"劫活"。棋的死活关键在于这个劫能否打赢。

【例9】如图7-9，当白▲子打吃，黑棋该怎么办呢？

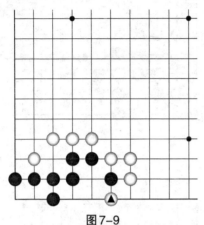

图7-9

失败：如图7-10，黑1接，白2长后，黑棋被杀。黑1接是坏棋！

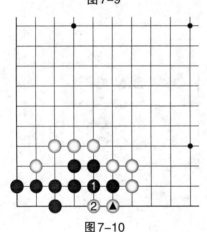

图7-10

如图7-11，黑1做劫，好棋！争取一线活棋的希望。白2提劫，黑棋去找劫材，将来再提回来，一旦打赢此劫，黑棋在2位接，黑棋就活了。

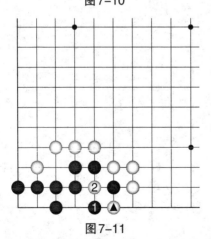

图7-11

【例10】如图7-12,当白▲子打吃,黑棋该怎么办呢?

如图7-13,黑1接,白2点眼,黑3阻渡,白4缩小眼位,黑5挡,白6抢占眼形要点,好棋!以后黑棋在A位提白棋二子,白棋在▲位扑,黑棋被杀。

如图7-14,黑1做劫,好棋!白2提劫,黑棋去找劫材,若能打赢此劫可在A位提或在B位做眼,黑棋靠这个劫来争取活棋。

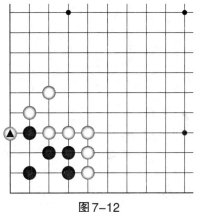

图7-12

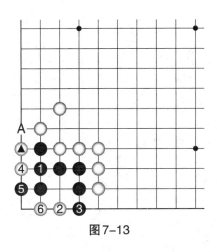

图7-13

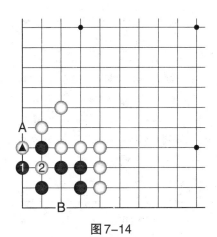

图7-14

2. 利用打劫杀棋

利用打劫杀死对方的棋又称为"劫杀"。

【例11】如图7-15,黑先,角上的白棋似乎活了,但仔细看看会发现黑棋有手段,该怎么下呢?

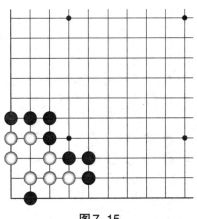

图7-15

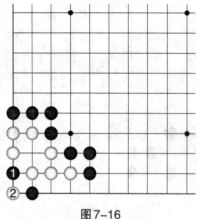

图 7-16

如图 7-16，黑 1 扑，好棋！白 2 提，形成打劫，黑棋若能打赢此劫，白棋将会被杀，黑 1 这种手段称为劫杀。

【例 12】如图 7-17，角上的白棋好像有问题，请大家仔细观察，黑棋有什么手段呢？

如图 7-18，黑 1 扑，好棋！白 2 提，形成打劫。黑棋可以利用此劫来杀死白棋。

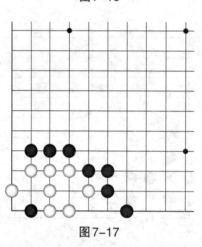

图 7-17

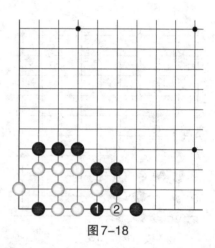

图 7-18

3. 利用打劫逃子

利用打劫逃子就是靠劫来给己方的棋争取逃跑的机会。

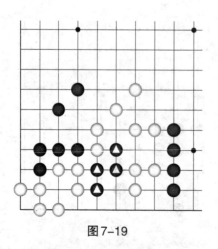

图 7-19

【例 13】如图 7-19，黑先，黑 ▲ 四子被白棋包围了，好像已经没有出路了，但黑棋有手段，仔细想想该怎么办呢？

如图7-20，黑1小尖，好棋！白2只能接，黑3长，黑棋成功联络。白2若在3位阻渡，黑棋在2位扑劫，角上的白棋成为劫活，白棋负担太重。

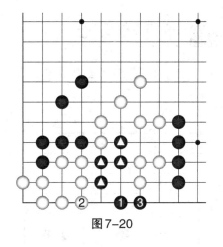

图7-20

【例14】如图7-21，黑先，黑▲三子被白棋包围了，黑棋有什么手段吗？

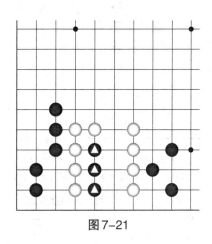

图7-21

如图7-22，黑1小尖，好棋！白2立，阻渡，黑3扳，白4打吃，黑5断吃，形成打劫。

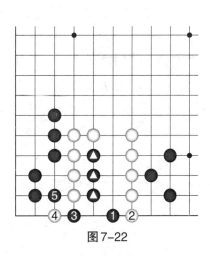

图7-22

单元练习七

以下各题均为黑先做劫。

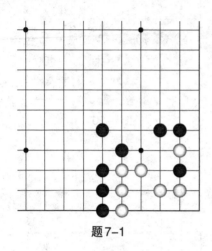

题 7-1

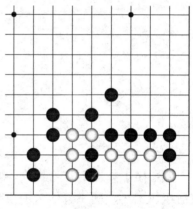

题 7-2

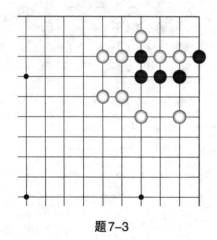

题 7-3

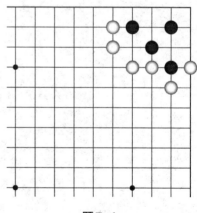

题 7-4

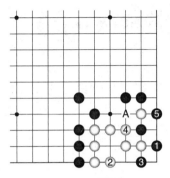

题7-1正解图

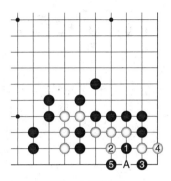

题7-2正解图

题7-1正解图：黑1扳，好棋！白2做眼，黑3扳，破眼，白4打吃，黑5做劫，形成劫杀。其中，黑1若在A位打吃，白棋在1位立，白棋净活，黑棋失败。

题7-2正解图：黑1断，好棋！白2打吃，黑3打吃，白4立，黑5打吃，形成打劫。其中，白4若在A位提，黑5在4位打吃，仍然是打劫。

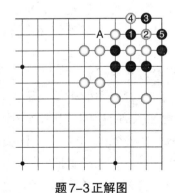

题7-3正解图

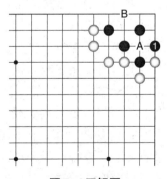

题7-4正解图

题7-3正解图：黑1断吃，好棋！白2长，黑3一线打吃，妙手！白4只能提，黑5再打吃，形成打劫。白棋若在1位接，黑棋在A位断吃，依然是打劫。

题7-4正解图：黑1做劫，好棋！形成劫活。正确。其中，黑1若在A位接，白棋在B位点眼，黑棋被杀。

第八章　三种常用布局

　　一般的布局，按围地的原则、棋子之间的关联性与清晰的思路去下就可以了。这里要讲的三连星、低中国流与小林流三种布局，也不外乎这几方面，只是有一些特殊性和整体性，要求要有更好的认识、理解和把握。

第一节　三连星布局

　　如图8-1，黑1、3、5是著名的姿态漂亮的三连星布局，意在在中央形成宏大的模样，看重全局的配合和攻击力量。黑1、3星位占角，很有气势。黑5占边，看起来有防守意味。但如黑5不下或想稍后下，白棋会先下在这一带，黑棋无法形成外势和模样。因此黑5也只能如此，但之后的着法一定要注重以下几点：子力多着于高位形成对中央的包围控制，尽量扩大规模；局部尽量争抢先手，争取主动，多进攻；围中央不成时，要随时做好转向抢占边角实地的准备。而白棋的策略则与黑棋的策略相对应，主要是抢占关键处的高位置，限制其发展规模；局部争取先手；尽量不出现孤棋。

　　三连星布局现在在专业棋手的比赛对局中已经较少见了，这与大贴目有很大关系，黑5这样等待式的下法，缺少进取精神，会给后面的棋增加压力。总之，这手棋所处位置有很大价值，但从每一手都应具有的攻防作用的角度看，暂时没有完全发挥作用，因而不紧急。如果不贴目，黑5以不与人争的姿态，构筑稳固阵地，等待对手来攻或过来受攻，黑棋可下。在大贴目的情况下，每一手必须积极地给予对方最大的压力，稍稍松缓，就会使局面倾向对方，这是三连星布局的不足之处。另外，这种子力全处于高位的情况，有过于重视势力而缺乏实地之感，势、地两方面均衡性差，也是三连星布局的不足之处，现在的布局，为了势与地的均衡，两角都占星位或都占小目的情况逐渐减少了，一角占星另外一角占小目的运用逐渐占据了主导地位。尽管如此，大家还是非常喜欢气势十足的三连星布局，心情好的时候也随时会用上一用。

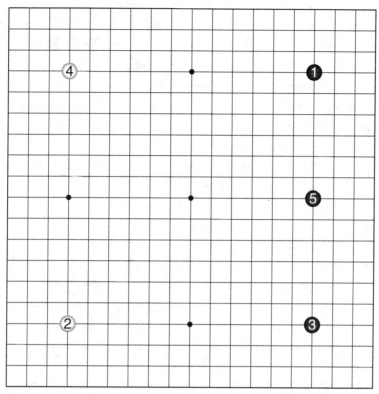

图8-1

【例1】如图8-2，右上和右下两个角采用了同一定式，黑棋扩大了势力和模样，使黑5处于不错的位置。而白棋也两处得到先手，并占到不少实地，也可满意。白22占到黑棋模样的对面，同时扩大自己，是舒服的一手。黑23向左边施压，不允许白棋向中央渗透，逼白棋打入后，再对白棋进行攻击。白24、26都是大棋，是有利于今后作战的阵形要点，又关系到目数。黑25、27固执地经营着黑棋的中央模样。由于白棋各处较厚，今后白棋进入中央不难活棋。黑27也可考虑走A位，与白B交换后，在C位加强。总之，黑棋这样的下法隐隐地给人一种生硬、不自然的感觉，之后的战斗对黑棋而言更难一些。

【例2】如图8-3，黑7守角是为了在这一带取得先手。黑9不能随意在12位一带挂角，以防白棋夹攻，那样，黑棋右边模样无法继续扩张并且成四处漏风之形，黑棋势力的整体性就没有了。黑9占边以后要防白棋在A位一带挂角或在B位点角，侵入黑棋模样中心。白10逼是双方争夺厚薄与发展的关键所在。黑11与白12交换一下再在13位稳固模样，重要。白14跳出是双方模样消长的要点，如不下，黑棋走C位附近会使右边黑棋模样进一步扩大。白14也可改下在15位一带守角，如走17位一带也是针对黑棋模样的好点，但要小心

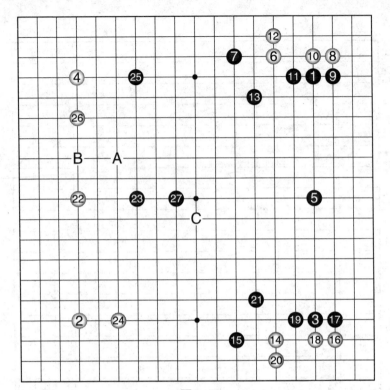

图 8-2

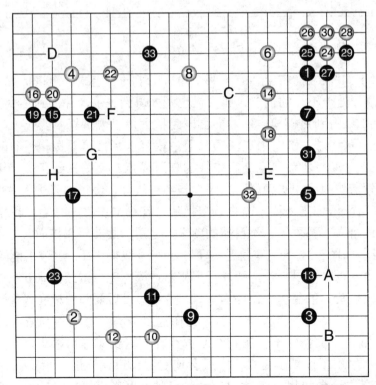

图 8-3

黑棋在D位点角，十分厉害。黑17与白18也是两个要点，双方各得其一。黑23与白26也是不相上下的大棋，相关双方弱点与实地进出。白24也可走31位打入，黑26守角，白E补强。32位与F位两处同样是白棋也只能选择其中一个。白32也可选择G位吊、黑H防守、白F靠封、黑I大飞的下法。本局从棋理与实际进程两方面看，黑5先围了一着后，白棋在全局其他要点的选择和抢占方面，都不处于下风。

如图8-4，黑17与白18与图8-2做相反的选择。黑19、21加强自己并进入上边白地。白20进军中央。白22边围边往右边黑棋模样方向渗透，并且还盯着黑9、11二子的弱点。黑23迎头阻拦，白24、26、28切下一子，收获不小。黑29盯着A、B处白空中的弱点，同时扩大右边，声援左上角黑棋弱子。白30与黑31都是多方照应的好点，双方各得其一。白32无其他重要棋可下时，在白30一子远方的支持下，突入黑阵。黑33、35便宜两手后，黑37发动总攻，白38靠下，形成战斗，结果难料。

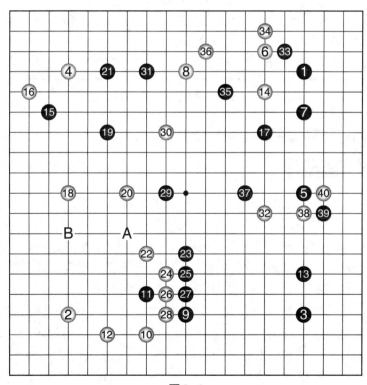

图8-4

如图8-5，黑25如顶，舍不得黑11一子，也是一种选择。白26、28可断开黑棋中央一子，以下至白36，白棋控制了中央，对右边黑棋模样伤害很大，黑37也攻向白棋薄处。

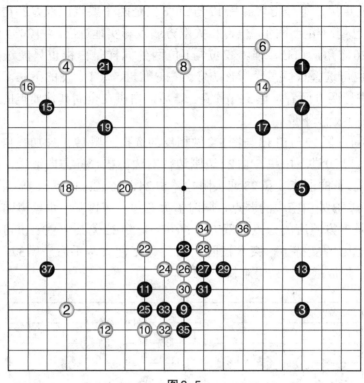

图8-5

三连星布局实战例：睦镇硕对李元荣

▶ **第1谱：黑1～黑31**

如图8-6，白6挂角，从上边阻碍黑棋扩大时，黑7至13是三连星布局常用的一个定式。定式后黑棋外势很大，但也有两个不利因素：一是落了后手；二是今后上边扩大后有A位开口。因此白棋先手得角再白14，从下边压缩限制黑棋也可满足。黑15如夹攻白棋，既担心白棋点角黑棋再落后手，又不太愿意白棋从B位跳向中央，所以15尖是近年来三连星布局常采用的争先手的定式下法。以下至白26，黑棋可暂时不补C位断点，局部可勉强得到先手。黑27占据高位，在左边与右边黑势遥相呼应，与白棋占到此点相比，相差极大，因此，这手棋宁可不去攻击，也要占据此点。由于下边比上边大，白28从左下方向阻碍黑棋在D位一带挂角。另外白28如在D位或E位走低位，对右边黑势影响稍小，但可围到实地，两种走法都可以。还有白28如走31位一带，黑29和D位两边挂后，左边黑棋得到好形，白棋角上也变得虚弱了，黑棋满意。黑31在下边的选点上越过了中线，显得十分积极。本谱右边两个角的定式及黑27的选点是学习重点。

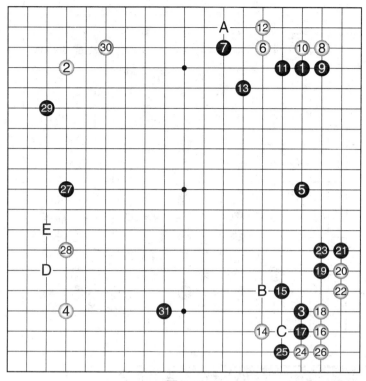

图8-6

第2谱：白1～黑40（总谱白32～黑71）

如图8-7，白1凶狠，一边加强虚弱的左下角，一边准备攻击下边黑棋一子。黑2必然，这里再让白棋断，下边黑棋将单方面被攻。从白3起，双方在下边形成对攻。黑4飞，占据制高点，局势稍占主动。黑6跨是弃子封锁的手筋，至黑12成功封锁，黑棋形势有利。白13拱断手法生硬、勉强，属于强手，由于白棋征子不利，不能在14位跨，要反击黑棋，只能如此。黑16尖，先通过攻击白棋确定自己的活路，再在18位跳，加固中央。黑20跳，从容的好棋，在瞄着白棋弱点的同时，扩充自己的眼位。至黑30活棋，白棋的攻击并无明显成效。

白31无棋可下，只能来消黑势。黑32机敏，白33只能忍耐，这个先手交换对黑棋之后的攻防作用很大。以下黑34至40，同时对白棋左上角和中央发动了攻击，确立了黑棋的主动权和盘上的主导地位。本谱黑棋下边的攻防及黑32以下的攻击，每一手棋都很有味道。本谱之后经过一番更猛烈的攻击，最终黑193手中盘获胜。

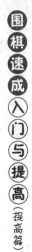

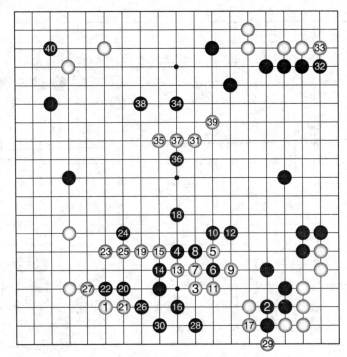

图 8-7

▶ **本局总谱：黑1～黑193，黑中盘胜**（图8-8）

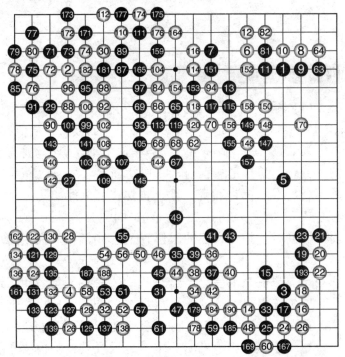

图 8-8

（83＝75，160、166＝94，163、168＝159，180、186、192＝174，183、189＝177，191＝60）

第二节　低中国流布局

中国流布局最早是中国围棋队为了对抗日本围棋队而集体使用的一种布局策略，所以称作中国流布局，通常即指低中国流布局。其实低中国流布局与三连星布局意思差不多。如果两个角都是星位，被对方破空比较容易而成空困难，因此将三连星的一角星位换成容易成空的小目，再将边上的一子靠近小目方向一路，就成了低中国流布局。这样一来就将三连星以张势及攻击为目的、放弃实地、以模样为主的布局类型，改进成为了势地兼顾的低中国流均衡型布局。高中国流介于三连星与低中国流之间，张势成大模样的欲望依然显得十分强烈，不如低中国流势与地更自然均衡，因此高中国流近年来也十分少见了。

【例3】如图8-9，黑1、3、5形成低中国流。黑5之后的双方的行棋思路是：白棋从下边或上边压缩黑棋并扩张白棋，黑棋则扩张余下的另一条边，然后双方再占左边或在右边展开攻防。本例白6至10占上边。黑11占下边，白12挂角，对黑棋模样中心进行破坏十分重要。至白28局部告一段落，黑棋获

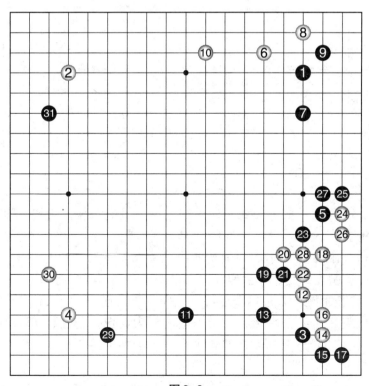

图8-9

得先手抢占到29、31关系攻防与发展的要点，可以满意。其中，白12也可先在29位一带守角。

【例4】如图8-10，与【例3】一样，白6、8占下边，黑9发展上边。白10右上挂角，破坏黑模样中心区域。以下至白24，黑棋获得先手，于左下挂角，抢占左边。

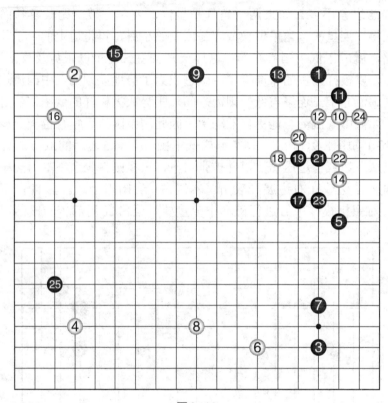

图8-10

【例3】【例4】中的思路还是原始的思路，但下法与最初的中国流布局相比，紧凑精细了不少。

【例5】如图8-11，本例为最初的中国流布局下法。白6、8的结构松散，对黑棋威胁压制力不足，今后黑A位一带如果走到，黑棋势力更大，同时白6还要投入力量来照顾。【例3】【例4】中白6的下法已改进为A位一带直接先反方向挂角，彻底压缩限制黑棋，最大限度扩大自己，再在6位附近拆边。白8也要在B位或9位一带压制黑棋扩大自己，当然也可在C位挂角，分割黑棋势力。

本例白6、8外部有可能被黑棋逼近受到威胁，内部D位点角也让人担忧，整体感觉消极保守而非积极进取。需要说明一点：黑7未尝不想在9位先挂再拆边，但怕白棋夹攻，使黑棋形成整体大模样的构想落空，所以要先7位占边再9位挂角。黑7是必要的，与白6、8的消极十分不同，这一点一定要想明白。

中国流布局经过高手们多年的研究，内涵已被极大地丰富了。

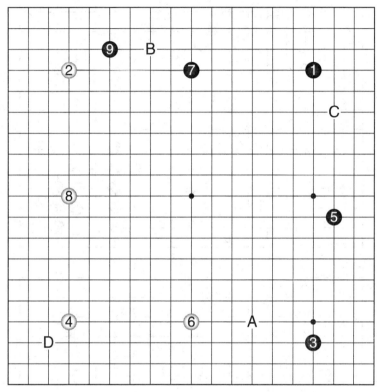

图8-11

【例6】如图8-12，本例中白16以下的定式，在几十年前中国流流行初期很常见，白18、20配合22断，利用弃子整形，至白28，白棋姿态优美，今后白A、黑B交换后，白C可先手挡，白D曲头也是令黑棋心情不好的一手。白棋的这一下法现在已得不到本例这样的结果了，现在的下法如何呢？

如图8-13，现在的对局，着法已不像当年日本式棋理思维下的阵地战了，很多当年常用的定式都被更紧凑有力的下法所取代。尤其是中国围棋和韩国围棋，着法凶猛、算路精准、快速，攻击性强的优势十分突出。

白16挂角后，以前白棋在中国流布局中常用的18、20的手段已经变得具有一定的危险性了，黑21打，再23反扳、25打的一连串攻击十分凶悍，白棋虽将黑空打穿，但治孤所带来的被动总会让人担忧。

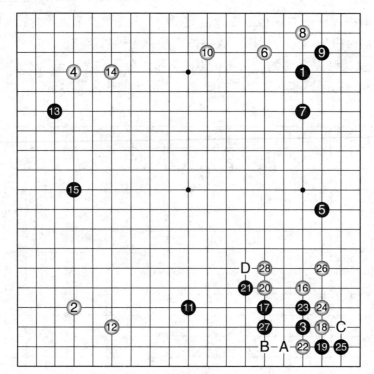

图 8-12

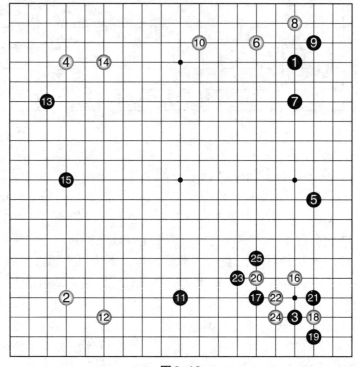

图 8-13

低中国流布局实战例：孔杰对古力

第1谱：黑1～黑29

如图8-14，黑1、3、5低中国流对白2、4二连星，之后新下法与过去的下法思路有明显不同：过去的下法思路前面已有介绍，这里就不说了。而新下法则白6、8守角，表面上看不与黑棋争，实则结构坚固，能量积聚，内涵丰富。白棋如此收缩战线有以下好处：①让黑棋尽量大的扩大战线，白棋待看准时机、黑棋弱点、中心位置后进行打入破坏，持有沉稳的心态对阵黑棋。②对方不易靠近，存在相当潜力；在对黑棋右边进行破坏时，不易受到黑棋顺势形成的厚势威胁的影响，并形成良好的后方支援；③白6、8既使上、下边黑棋难以发展，又令黑棋在走左边时易受攻击，战阵极牢，影响范围极广。白10、黑11后双方布阵完毕，白棋该出手破坏黑势了。黑5处于低位，附近子力间隔大，防守力量弱，白12镇，从高处压缩是常用方法。黑13强化距离较远的右上区域。白14灵活，如在12位附近走与黑棋强处硬碰硬，就不好了。白14找黑阵中最弱的黑7一子进行骚扰，由于黑7处高位，不宜高压让其成空，白14

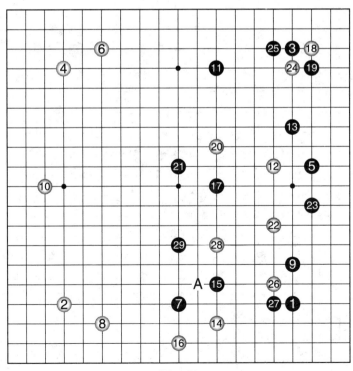

图8-14

走低位从下三路动摇其根基。如黑15位让白棋走到，白12、14成互相呼应之势且黑7一子受攻，黑棋受不了。白16飞回，今后还瞄着A位跨的严厉手段。黑17中央攻击白12一子选点偏向稍弱的下边一点有道理。白18是精彩的一手，既是试探应手，又埋下手段，同时寻求下一步的行棋步调。白20、22不是抱头鼠窜，而是穿插在敌人相对较弱（间隔较大）的空当中打着游击战，是十分高明的战术。白24意思与白18相同。白26分隔左右，白28分隔上下，并且偏更弱的下边一点。这两手棋子力活跃、着法积极，令人赞赏。

▶ **第2谱：白1～白49**（总谱白30～白78）

如图8-15，散于黑阵中各处的白子，跑一部分或借助黑棋弱点处理一部分并不难，但另一些子就会惨遭毒手。白1集中所有白子的力量利用黑棋小飞的弱点跨断，是极为漂亮的一手。黑4如在A位打，白棋在B位反打很容易集体活棋。白5、7边跑边瞄着周围黑棋三块棋的弱点。黑6、8下法有力，有所收获。白9是双方弱点集中处。黑10跑进白阵，方向不错。白11跑出黑阵。下

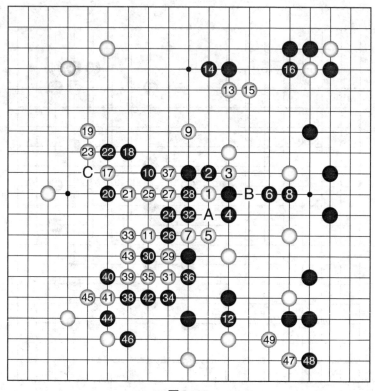

图8-15

边黑棋已经很危险了，黑12顶，边整形边伤害白棋。白13、15付出极小的代价先手加强后，白17阻住了黑10继续往左边白阵的破坏之路。黑18不得不迂回前进。白19再飞，不允许黑棋进入左边。白1至此的每一步都顺理成章。黑20在形势不利的情况下，开始对白棋的弱点进行猛烈反击。白21毫不示弱，开始了激烈地战斗。黑22冲、24刺是为在C位断吃做准备的好手。白30是常用的弃子增加利用的好棋。黑34是手筋，但这手棋必须计算精确。白35后退，黑36获得好形。白37也是极完美地控制了中央，双方都有巨大收获，但局势并不明朗，双方在以后的进行中还都要在四个边角的对方阵地中施展各种手段。黑38从左下白棋开口处进入左边。白39、41强硬阻止，黑44、46乘势进入下边，包围住了白棋下边二子。白47、49争取活棋，这里一旦活棋，黑空将受损严重，白棋形势大优。本局最后，黑棋将白棋追入右边黑空，拼命追杀，最终白棋巧妙活棋，至110手，中盘获胜。

本局总谱：黑1～白110，白中盘胜（图8-16）

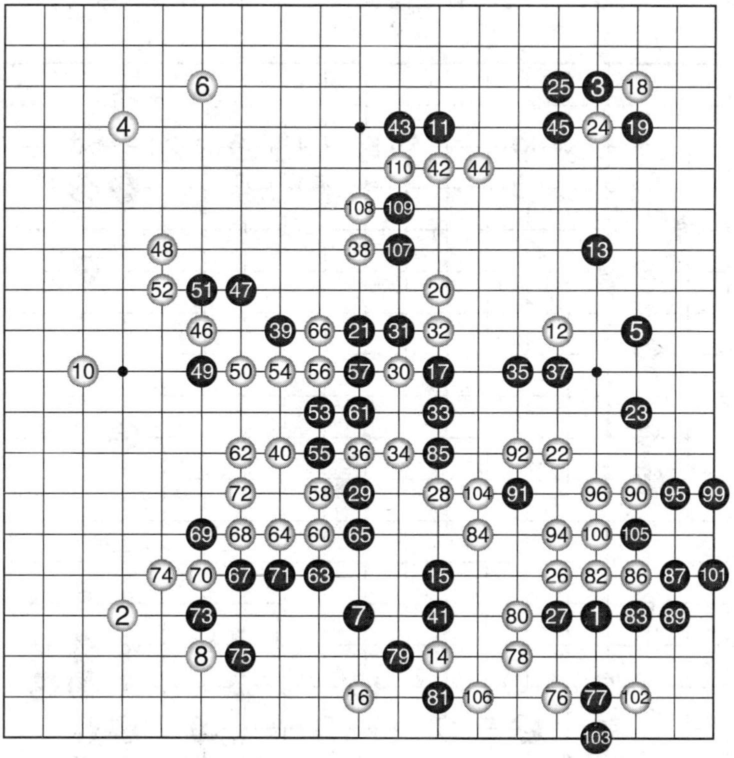

图8–16

（(97)、(105)＝(93)，(100)＝⑨）

第三节　小林流布局

【例7】如图8-17，这是日本超一流棋手小林光一全盛时期喜欢下的布局，是一种黑3一子争取主动的布局。黑5按传统理论走右下守角是大棋，而小林流布局则是黑5挂角、7拆边，严阵以待。对于黑方空出的右下角，白8或44位总要来挂角，这时，黑棋依仗下边及右上的子力优势，采用紧夹来尽量地挑起战斗，这样发展下去形成的局面，没有黑棋不好的道理，这是小林流执黑一方的主导思想。按当时的下法，黑9紧夹时，白10跳出，黑11边攻边围地。白14跳时，黑15先手尖再在17位处理右边，白棋右下一带并无所得。白12托一手后脱先好，今后有41位或A位的两种选择，如白棋马上走41与黑A交换，今后黑棋在B位攻十分厉害。至黑17，下边黑空中虽有C、D、E等各种手段，但局面的重心已经不在这里，这些局部手段以后白棋来不来得及走还不好说。总之，黑棋下法积极，下边及右边两面得以兼顾，黑棋形势有利。白18至黑

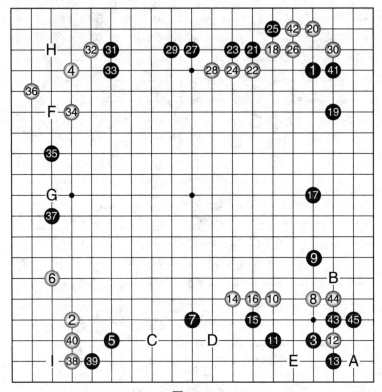

图8-17

31是一个常用定式,其中白20也可在27位附近直接拆边,白F挂角,也是一局棋。黑35逼住,积极,白36如在G位一带夹攻,黑棋可直接在H位点角,白实地受损。白38边守空边瞄着C、D等处的破空手段。黑39、41边威胁白棋边加强自己。过程中白34可走F位低一路守角;由38可走40位立;黑43可提掉白12一子,下法选择上各有利弊。另外,白40如不补,黑棋在I位夹厉害。至黑45,白棋局势不利。这是小林流早期在右下角一带小林流下法,这里仅举一例。

【例8】如图8-18,经过研究,白棋的下法逐渐有了改进。白12托、14退,为攻击黑9一子做准备。黑15虎,对下边有些照顾,如走A位长,今后有白15位点、黑B接、白C打入的手段,黑棋无法与白棋抗争。白16以下攻击黑9一子,局部子力占优势,黑棋基本上只能妥协,至黑23,白棋在黑棋周边子力占优势的右下一带走成厚形,非常满意,如此可化解小林流布局对白棋的威胁。以下白棋先围上边,黑棋抢占左边,之后双方再在上边、下边彼此破坏或各自扩张,完成布局。过程中,黑25可在D位小飞守角,白28飞入,也是一局棋;白38也可考虑走40位跳守角,这里的厚薄与实地出入非常大;黑39也可先在40位飞,形成图8-19的变化。

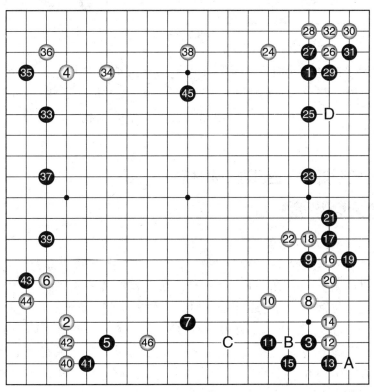

图8-18

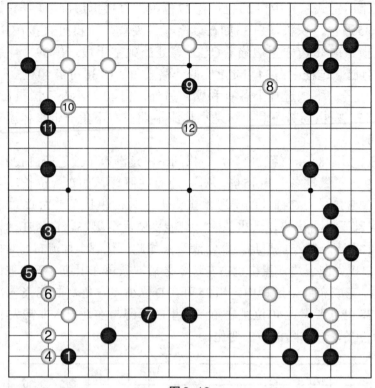

图8-19

人们后来发现，小林流黑9的夹攻虽然不可怕，但其他位置如18位或16位夹攻及另外一些走法，仍有一定威胁。因此，小林流在近些年，已经不再下图8-18中白8一间高挂这样比较勉强的着法，而改走较难形成战斗的20位二间低挂了。

小林流实战例1：白洪淅对洪性志

▶第1谱：黑1～黑25

如图8-20，白8于A位或B位挂角在遭到黑棋的夹攻时，活动空间狭窄，不容易迅速获得安定，因此，现在对付小林流，执白的一方通常走8位二间低挂，黑棋如果仍来夹攻，下一手白C位托很容易获得处理。黑9尖，重视实地，也可在A位跳扩张下边模样。白10拆，成为不会受到急攻之形，小林流也就不显得十分可怕了。白10也可在D位拆，将棋形走得舒展一些，当然，结构也相对变得薄弱了。黑11逼，仍想攻一下白棋。白12是最稳的防守下法，下一手有E位和14位两个攻防兼备、形态生动的好点，这块棋不仅自身活了，还有一定目数并且有利于今后作战。白12也可走F位或G位跳。黑13守下边兼瞄着H位刺的手段。白14飞，威胁黑11一子。黑15如走I位，防守牢固，现黑15守角是看重上边的作战和发展，采用了更积极的下法。由于黑7拆得大，黑5与黑7之间的弱点明显，白16是带有攻击性的打入，十分厉害，如果让黑J、K等处先有了子，下边再进入就要担很大的风险了。黑17以下至白24是打入斜拆三的常见变化，在本局局面下，是双方最强的下法。黑25打，形成劫争。

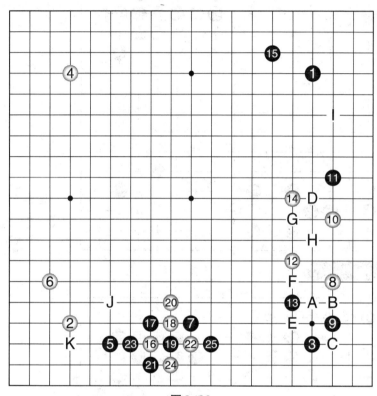

图 8–20

▶ 第2谱：白1～黑46（总谱白26～黑71）

如图8-21，白1提劫，由于这个劫很大，黑2找劫时一般白3粘劫，让黑3位长进角。白3继续应劫，拼劲十足。黑2与白3的交换和后来的黑8与白9交换白棋稍便宜，白棋这时已做好了让黑棋打赢这个劫的准备。白5找劫时黑6往往也是在12位提消劫，现黑6应劫也是斗志旺盛。白11找劫，黑12消劫，先获得巨大收益。白13猛攻白角，黑14以下反击过程中巧妙地照顾到了黑边上❶一子，至黑42，白棋虽在右上吃掉了黑棋三子，得到了一些实地，但由于过程中白21的苦肉计也损失了不少，加上黑棋右上形成完整外势，总体上黑棋满意。白43、45限制黑棋厚势。黑46打入，破坏左上一带白棋的发展潜力，以下进入下一阶段争夺。最终黑胜。

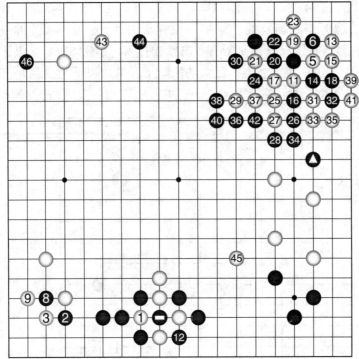

图 8-21

(④、⑩=○,
⑦=①)

▶ **本局总谱**（图 8-22）

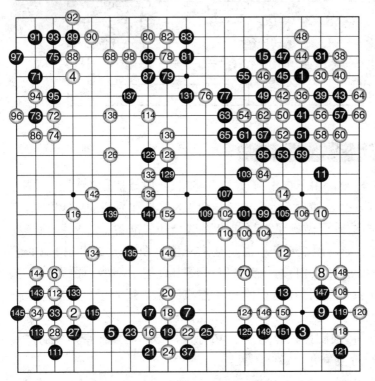

图 8-22

(㉖、㉜=⑯,
㉙、㉟=⑲,
⑰、⑰=㉝,
⑫=㉘)

小林流实战例2：王磊对周鹤洋

▶ 第1谱：黑1~黑33

如图8-23，黑9借攻击白8一子发展下边。白10飞进角，关系双方眼位与目数，以下至黑33是普通定式。其中黑19如走20位长，白棋在下边行动之前走25位靠是复杂定式。

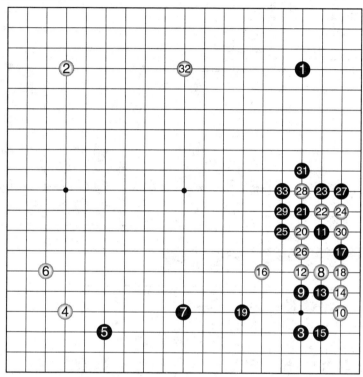

图8-23

▶ 第2谱：白1~黑42（总谱黑1~黑75）

如图8-24，白1点角，是实地最大的一手，并且这手棋很急，如让黑棋走到3位或A位小尖，黑棋将成大块实地，白棋受不了。至白13，右上及上边都已定形，之后依次开始左边和下边的争夺。黑16拆，下一手17位与18位有两处大棋，白17可考虑在B位尖顶或C位飞攻，争取抢到18位的守角或27位的打入。白19想将黑棋赶出来，伤及右边黑势，并对白棋的薄味有所帮助，想法很好。没有想到，黑棋置左上于不顾，24小尖进角，又抢了一步实地巨大之棋，白棋如对黑棋进行攻击，又没有什么收获，很容易落空，下一手再让黑占到28位，白棋更不行。因此白27只好打入破空，黑28跳不走D位封锁是好棋，以下逼白棋出头，使左边及下边两块棋都变弱，而通过攻击，左上的黑棋变强了，至黑40镇头再42分断，黑棋一举争得了局面的主动。当初黑28如走D位封锁，反而是督促白棋在黑空中活棋，结果黑棋明显吃亏，白棋舒服，这里的情况与通常的局面与时机不同，需要好好体会。本局最终黑胜。

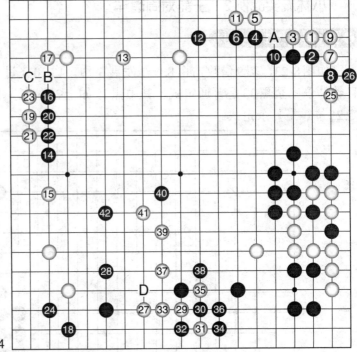

图8-24

● 本局总谱：黑1～黑155，黑胜（图8-25）

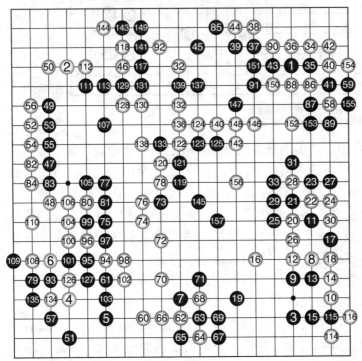

图8-25

单元练习八

第八章 三种常用布局

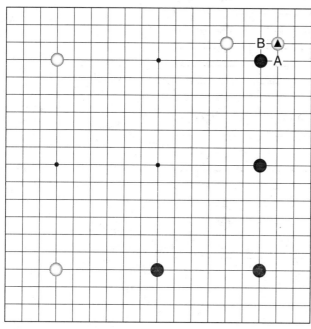

题8-1：白▲子点角，黑棋应该在A位挡还是B位挡呢？

题8-1

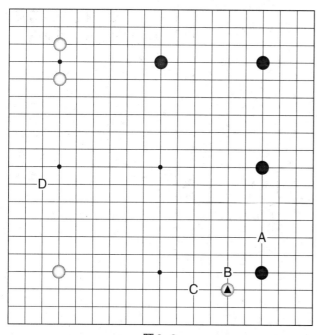

题8-2：白▲子挂角时，黑棋应选择A、B、C、D哪点好呢？

题8-2

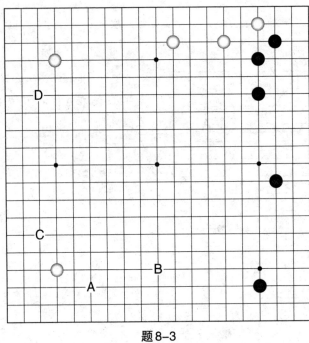

题8-3:棋盘上大场很多,黑棋下在A、B、C、D哪点好呢?

题8-3

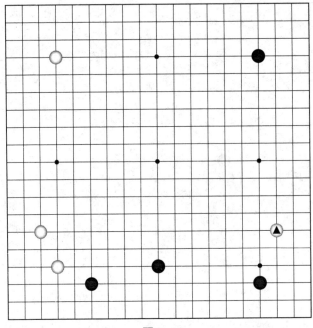

题8-4:当白▲子大飞挂角时,黑棋该怎么下呢?

题8-4

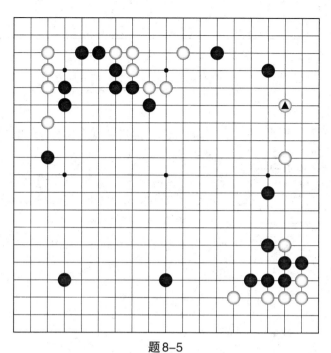

题8-5：这是一盘让子棋的对局，白▲子挂角时，黑棋该怎么防守呢？

第八章 三／种／常／用／布／局

题8-5

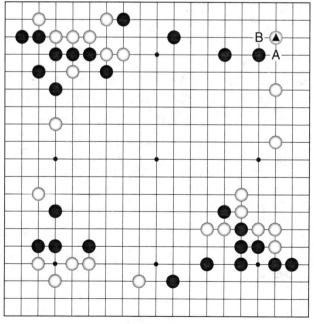

题8-6：对于白▲子点三·三，黑棋是在A位挡还是在B位挡呢？

题8-6

参考答案

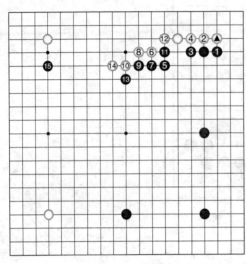

题8-1正解图：黑1挡，方向正确。白2长，黑3长，棋形要点。白4接，黑5飞，重要，扩张形势的要点。白6飞，黑7压，白8长，黑9压，白10扳，黑11冲，白12挡，必然，黑13扳，白14长，黑15高挂，至此黑棋大模样基本形成，充分可战。

题8-1正解图

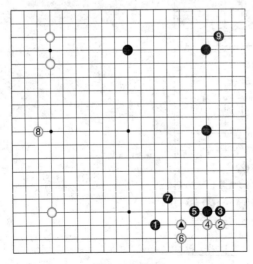

题8-2正解图：黑1在C位一间夹，正确。白2点角，黑3挡，以下至黑7是定式。白8拆边，黑9尖三·三守角，黑棋布局成功。

题8-2正解图

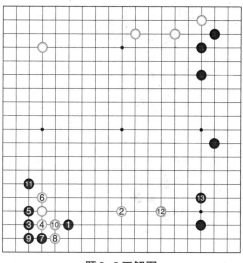

题8-3正解图

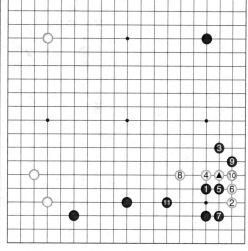

题8-4正解图

题8-3正解图：黑1在A位挂角正确。白2若三间高夹，黑3点三•三，以下至黑11是定式，白12拆二，黑13单关守角，黑棋布局成功。

题8-4正解图：当白▲子大飞挂角时，黑1跳是好点。白2小飞，黑3一间夹攻是要点，白4冲，黑5反冲，白6挡，黑7双是棋形要点，白8跳出头，黑9尖刺，次序，白10只能接，黑11拆，形成马脸，和边上的黑棋联络是正确的下法。

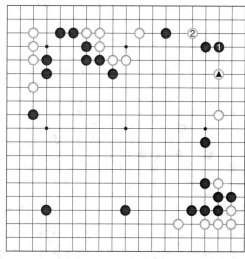

题8-5失败图

题8-5失败图：黑1立是大飞守角后的常用防守着法。但本图白棋两边都很强大，白2马上点入，黑棋吃不住白2，以后的变化黑棋不满。

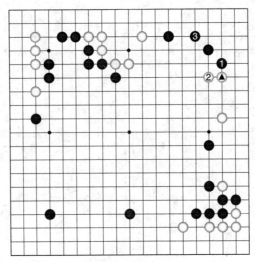

题8-5正解图

题8-5正解图：黑1尖顶，白2长，黑3再尖，是此时防守角部的重要着法，角部非常牢固，白棋没有什么手段了。其中，黑1、3的着法称为"三翼鸟"，就是像鸟的羽翼一样护住角部的空。

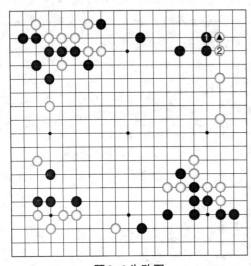

题8-6失败图

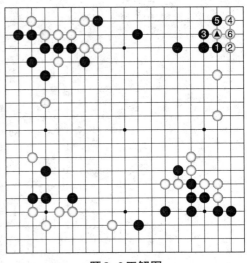

题8-6正解图

题8-6失败图：黑1在B位挡，担心白棋进黑棋边上的空，想法错误！白2连回，黑棋棋形局促，白棋效率高，黑棋失败。

题8-6正解图：黑1挡在A位，正确。白2若扳，黑3拐住，白4虎是棋形的要点，黑5打吃，白6只能接，黑棋脱先。以上是点三·三常见的变化。黑棋先手将白棋压缩在二线，同时确保边上的空。

第九章 定 式

第一节 小目高挂定式

1. 托退定式

如图9-1 黑1小目占角，处于三线位置，容易围取实地，今后往上边及左边发展空间巨大。白2挂角，选择上边作为发展重点，如果下边有形势，需要左边配合时，也可走A、B等处背向（开口的另一侧）挂角。另外白2高挂，处于四线位置，容易被黑棋围角，对实地稍不利，但对中央的影响力稍强，在较大范围作战方面与3位低挂相比稍有利。白2后，白棋下一手可拆边、进角、封锁黑角。黑3防止白棋三·三进角，抢先一步守护角地。但黑3的坏处是主动地加强了白棋，从手法上看，是避战抢地的守势下法。白4挡，阻止黑棋出头，这里是白棋的防区，决不允许黑棋往上边前进一步。黑5退，救回黑3一子。白6粘，走成厚形。黑7重要，这是走向中央的关键一步，今后与外部的联系、发展全靠这步棋。白8拆，是获得安定的重要的一手，安身立命之着，还关系今后进一步发展。

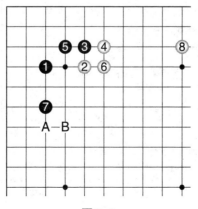

图9-1

如图9-2，白6虎，重心往右移了一路，更重视和强调上边的发展与作战。白8后，黑A位逼很大，下一手由于有A位打入的威胁手段，白C位守一手加固也很重要。白8也可小一路在D位拆，走成更牢固的厚实棋形，这手棋反映出的语言是：谁敢靠近跟谁急，谁来靠近也没用。

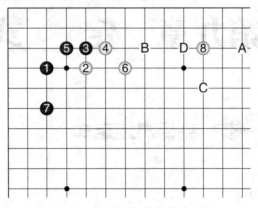

图9-2

如图9-3，黑3飞，加强自己的同时，做好了攻击白棋的准备，另外从其往左边发展的价值角度看，这手棋也是重要的一步。白棋在上边拆边之前，先在4位托，压缩黑角，但这手棋也使得黑棋角部更强。黑5挡不得已，只能忍耐。白6退出，取得便宜。黑7虎是重要的一步，棋形结构相当坚固。白8拆最要，安定的同时今后还能进一步发展、扩大。黑9利用左上角厚势大幅度拆边，以补偿左上角黑5、7二子被白棋压缩于二线的损失。本定式后，根据需要，黑棋有A、B两方面对白棋进行威胁的手段，因此，白8也可小一路拆于C位，将棋一手走强。最后补充一点：如果左边星位附近已有黑棋子力，黑7可走上边D位附近对白棋进行夹攻，白棋会感受到很大压力。

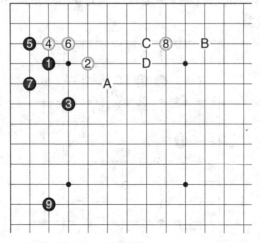

图9-3

2. 小雪崩定式

如图9-4，左边重要性高过上边时，白4不挡在14位而采取4顶、6扳的下法，拦住黑棋左边的出路，如此形成"雪崩形"。白6后，8位的断点成为首要问题，而黑7又有着多种补法。现黑7扳，采用最强的攻击下法，但同时也给自己带来巨大风险。白8开始反击，以下形成小雪崩定式。黑9长，双方展开激烈对攻。白10长是重要的一手，这手棋首先保护好自己，下一步可在11位挡或14位断，吃两边的黑棋。黑11曲出，一边加强，一边准备在16位征吃白棋。白12虎是关键时刻的好手，既保护了白2、4二子，下一手还能在A位挡吃黑棋三子，并且还有14位的断。随着激烈程度逐渐升级，黑13有几种不同下法，现13打是准备弃掉上边，以左边作为发展重点。白14必须抓紧时间断，如走15粘、黑14粘，角上白棋二子将被吃。黑15提、白16曲是必然的下法。黑17断打厉害。白18要小心，不能随手在6位提，否则黑棋在18位打，白棋棋筋被吃，白棋崩溃。黑19、白20各提一子，形成两分定式。

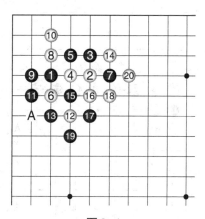

图9-4

如图9-5，黑13靠，是极具威胁的手筋，这手棋对自己也能进行多方照顾，是本定式重点学习的一手。白14长，是防守要点。黑15先手长，逼白16粘，再在17位吃白角，这几手棋黑棋便宜。白18断，利用角上白棋二子进行反攻。黑19打，为了宽气，将白18一子推离危险地区。白20顺势长出，至白26，白棋控制了上边，这几手棋，黑棋被动防守，白棋明显便宜。之后，左边白棋与中央黑棋三子形成对攻，局面两分。其中白22也可单走24位曲。

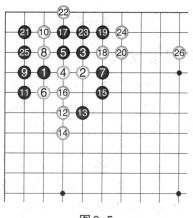

图9-5

3. 一间低夹定式

如图9-6，黑3夹攻，不让白棋上边获得经营和发展。另外，黑3一子的夹攻位置特殊，黑3与黑1形成斜拆三的关系，下一手可在7位渡过。因此白棋的下法一定要防止或干扰黑7的渡过手段。白4一边抢角一边防黑7托过。黑5断白4退路，围攻白4一子。白4逃无可逃，干脆不逃，白6断，实施反击。

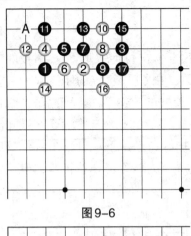

图9-6

这时,黑1、5二子中黑5一子更弱,所以黑7贴出,照顾黑5一子。白4面临绝境之时,白8挖,是对黑整体结构进行破坏的严厉手段,黑棋立即变得相当危险了,是本定式需要学习的关键一步。黑9再次反击,令人心跳再次加速。白10长后,黑11打、13贴救黑5、7二子紧凑有力。黑13后,下一手在15位挡或在14位长后,在A位挡,可吃两边白子。白14打,黑15吃,定式告一段落。之后,要防止黑棋上边规模太大,同时还要在上边尽量与黑棋不要发生战斗。白棋在一定条件下,也可以在15位曲出作战。

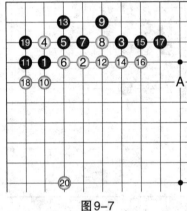

图9-7

如图9-7,黑9打,可保持黑棋整体的完整。白10打,防止黑棋长出,重要。白12接后,黑棋有三处断点,而且已经被断开一处,以下黑棋虽然吃住白4一子,但三处断点的防护也使黑棋倍感辛苦。黑13补住中间断点正确,可确保不出事。白14以下利用黑棋断点和弱子,继续威胁和压迫黑棋,至白20拆,形成标准定式。今后A位对于双方来说都很大。

4. 上靠定式

如图9-8,黑3上靠,一般在以左边发展为重点时或怕白棋封锁想暂时应付一下时采用。白4托角是看重实地的下法,这手棋还对黑1伤害很大,是好棋。白4如先走6位顶,则属强化黑棋的行为,俗手味道很浓。黑5重视上边及中

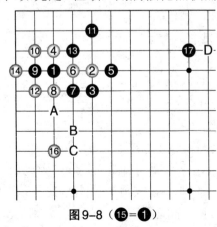

图9-8(⑮=❶)

央,影响力与影响范围都很大,但无助黑1弱子。白6顶、8打,以下可吃掉黑1一子。黑11在A位打弃二子前,想先飞刺便宜一下,再在A位打,如此可更充分地利用黑棋被吃的二子。白12及早吃黑棋,争取让黑棋少些利用。黑13打、15扑,利用弃子,边补强自己,边破坏白棋眼位。白16拆二出头,这手棋也可在B位或C位出头。左上角黑棋势力很强,黑17也可考虑在D位附近拆大一路。

如图9-9，白4扳是以发展上边、控制中央为重点的下法。黑5退，下一手可6位扳扩大左边或7位断吃白2一子得角。白6挺头，可限制黑棋左边、发展上边同时控制中央。黑7断吃一子很大。白8以下弃掉一子获取外势。白14拆也可小一些或低一些，走坚实一些。过程中黑11尖是好棋，有利于官子并且角部味道好。

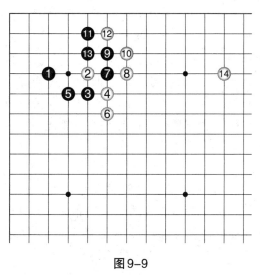

图9-9

第二节　小目低挂定式

1．小尖应定式

如图9-10，白2低挂，与高挂相比，黑棋不容易围角，白棋拆边也更容易成空，实地方面好一些，但在中腹作战或张势成模样方面不如高挂。黑3小尖，步伐坚定有力，在今后的攻防中能发挥相当大的作用，缺点是本身不带目，价值回归有待于在今后的发力中体现。白4小飞，加强白2一子，并准备进角或夹攻黑棋。黑5、白6各自扩大，黑7、9抢先一步获得完整角地。其中白4可先在6位拆再在4位加强。黑7、9虽然目多，但属于

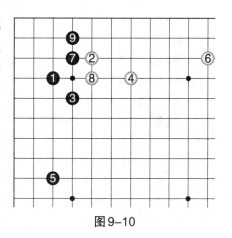

图9-10

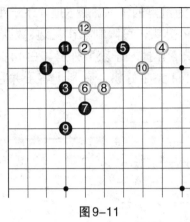

图9-11

局部防守，进攻性、主动性及对全局的重要作用发挥方面稍差，可晚些走。

如图9-11，白4拆三，空间并不大，黑5打入是想通过弃子，付出较少的代价获得一些利用。白棋空中有一个没贴住气的活力十足的黑子，心里总感觉会发生点什么事情，不是很踏实。黑7、9、11也确实得到了一些利用，中盘与官子阶段，尤其是形势不好的时候，黑棋还会继续利用黑5一子从左、右、中某方向借威胁白棋取得一些小利。至白12，大体上双方都是厚形，但都有不完善之处。

2. 小飞应定式

如图9-12，黑3飞，也是好棋，自然往左边发展，棋形比小尖舒展，速度较快，但不如小尖坚固，攻防作战方面比小尖稍差。白4托，进入角地，主要用于先手压缩黑棋或在周围黑子多时谋求活棋。黑5挡，反击白4一子并阻止白棋对角的进一步掠夺。

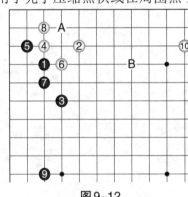

图9-12

白6鼓，借威胁黑1弱子，增强白棋对中央及上边的影响，对自身眼形也有很大好处，但这手棋很有可能遭到黑棋的反击，要事先有心理准备。黑7退，稳健的下法。白8长，保护白4弱子，但这手棋较缓，可直接在10位附近拆，黑棋如在8位打，白棋可在A位做劫抵抗，黑棋要吃净这几个白子很费劲，通常都是这样考虑。黑9拆边，获得安定和目数。白10远远地拆，今后可在B位加强。

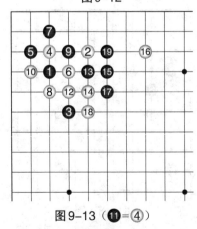

图9-13（⑪=④）

如图9-13，黑7不走8位退，打吃白4一子得角是有力的一手。白8包打，将黑3一子隔开，也使黑棋左边的发展完全被破坏，损失也不小。黑9提时，白10要打在侧重发展的方向，现在白棋准备往左边行棋，就从左边二线打。黑11粘，成为厚形，如被白棋提到4位，黑棋形状略显单薄，但黑棋这手棋走13位断打也是值得推荐的严厉下法。白12接，只此一手。黑13断，非常厉害，之后可吃掉白2一子进军上边。白14打、16逼，利用一下被吃的白2一子，以走强左边，减少损失。黑19之后，下一手白棋一般在左边拆，走成安定之形。

3. 一间低夹定式

如图9-14，黑3紧夹，完全不给白棋边上的活动空间，同样，今后在遭到对方反击时，自己也同样活动空间小。白4跳出，正面应战，堂堂正正的一手。黑5加强。白6压制黑棋，借机加强自己，助长中腹势力。黑7从角上利用黑3一子，白8如在9位立，黑棋再在8位贴，逃出黑3一子。白8挡，走成厚形。黑9再利用一下，得到角上实地，并获得先手，结果双方可下。

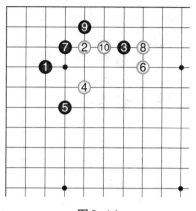

图9-14

如图9-15，黑9先贴好，如走11位先冲，白棋有可能在9位贴下。白10长，领先黑棋一步，黑棋明显受到压制。黑11是本定式的重要一步，这手曲，给白棋留下不少弱点，使白棋棋形变得单薄。黑棋如让白棋下到11位挡，白棋成极厚之形，黑棋不满。黑13必须再贴一手，白14长时，黑棋就可在15位跳了，这里如早跳一步，将来白棋有冲断的手段。白16补断，棋形仍不是很厚，但暂时还不用担心受攻。

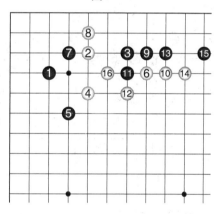

图9-15

4. 二间高夹定式

如图9-16，黑3二间高夹，远近适中，靠近中央，偏重势力。白4小尖，凝聚力量的一手，不让黑棋封锁并准备反夹两侧黑棋。黑5往左边发展，下一手A位尖顶攻击白棋二子十分严厉。白6是本定式重点学习的一手，自己先获得安定再攻击对方。看起来这手棋很委屈，实际上这手棋既相关双方眼位，又相关双

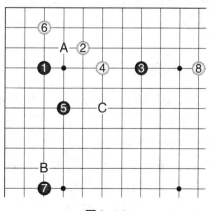

图9-16

方目数，是价值极高又极重要的一手。黑7左边拆边，照顾黑棋重要的1、5二子，比上边拆边重要。黑7也可小一路走B位拆。白8一带上边夹攻当初找白棋麻烦的黑3一子。今后B位是双方攻防要点。

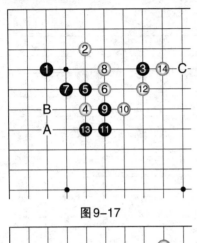

图9-17

如图9-17白4大跳，与在5位小跳、8位小尖一样，是先加强自己，再反攻两边黑棋的下法。黑5通常在A位、B位拆二或拆一，位置偏低，但可保持对白棋的威胁。现黑5靠出，不愿意处于低位。白6挡，逐渐伤害到了黑3。黑7、白8各自退一手加强自身。黑9断，以下可吃掉白4一子经营左边。白10打、12虎，出头的同时，下一手可在B位救出白4一子或在14位吃掉黑3一子。黑13打，白14扳，形成转换，双方相安无事。黑13如在C位跳，保护上边，白棋则在B位跳，在左边闹事，如此将各不相让，相争不断。

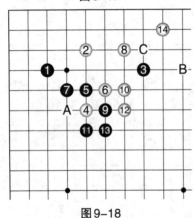

图9-18

如图9-18 白8离黑5、7强子远一点，离黑3弱子近一点，轻快地跳一手，是本定式值得学习的地方。以下至白14双方各控制一边，形势两分。过程中黑13也可在A位提，右上一带有白子时，白14也可在B位紧夹黑3一子。白14如不走，黑棋在C位挡将对白棋进行反攻。

第三节 三·三定式

1. 肩冲定式

如图9-19黑1在三·三占角，本身即具有坚固实地的作用，因此显得这步棋偏重于防守。另外，这个子距角近，对外面作战的参与性差，并且容易被对方压制而处于低位。白2尖冲，如有其他处的高位势力与其彼此呼应，效果更好。黑3贴，确定方向时要选择对方不是发展重点的方向，这样今后黑5就可飞向对方作为重点发展的边，对方比较难受。白4长，加强自己，等待机会，今后如能封住黑棋的出路，价值相当高。黑5飞出头，下一手可在A位飞出。

白6大跳，压制黑棋，不允许其翘头后反攻白棋并获得发展。黑7上边飞出头，防止白棋在B位曲封锁。白8大跳，完全压制住黑棋，成为两分定式。这个定式的时机及与全局配合都有一些讲究，另外黑棋被压制觉得不太愉快，而白棋落后手，心情也不是很好，这是少见的双方都不是很满意的定式，除非黑棋得到先手有一步很重要的棋或白棋全局配合很好时，才会有一方十分满意。

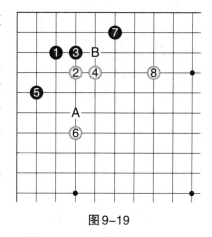

图9-19

如图9-20，如果上边特别重要，白6可从上边挡住黑棋。黑7左边高位出头，也是颇有作为之形。白8上边拆，定式暂告一段落。今后白棋下在A位是好点，之后有在B位压的好点及在C位靠之类的获利手段。

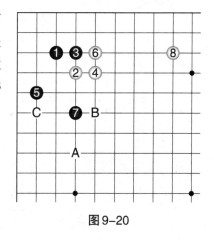

图9-20

如图9-21，黑5曲，于三线紧贴白棋，下法紧凑有力。白6跳，为下一步7位封锁黑棋做准备。黑7长，一边要在A位冲断，一边准备在B位跳出。白8飞，防黑棋冲断。黑9跳出头，这手棋也可在B位跳。白10挡住另外一边，也有很高的价值。本定式黑棋步伐稍嫌沉重，目数虽然多一些，但白棋也更厚了一些。

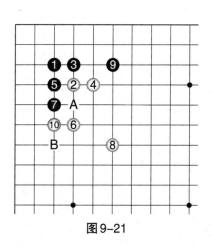

图9-21

如图9-22，白4跳，步伐轻快，不在局部进行过多纠缠。黑5挖，攻击白棋的弱点。白6打、8粘整形，下一手9位飞拦与10位贴下各得其一。黑9也可从A位跳出头。

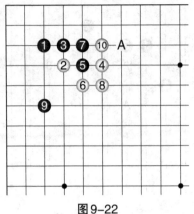

图9-22

2. 大飞挂定式

如图9-23，白2大飞挂，看重上边。黑3往左边发展，最大是3位大飞，也可以步伐稍小一些。白4、黑5各自快速扩张。白6尖，借威胁黑棋间隔大的弱点加强自己。黑7顶，防白棋在A、B等处施展手段进行破坏。白8跳，抢占双方形势消长的要点。

如图9-24，白4在上边拆边之前，先碰黑角，是以攻为守的下法。黑5扳、7立，角上整形后，白棋在8位拆，上边也强了不少。黑9左边再拆，定式完成。

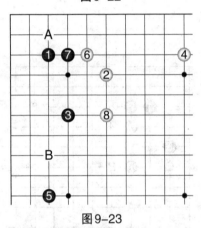

图9-23

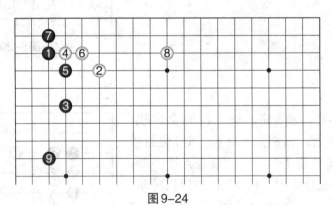

图9-24

第十章　官子知识

围棋的官子就是一局棋经过布局和中盘战斗以后,进入双方划分边界的阶段,这个阶段就叫作官子阶段,也可以叫作收官阶段。官子阶段在一局棋中起着决定胜负的重要作用,如果在棋局优势的情况下官子收不好也照样会输棋,相反如果在棋局劣势的情况下,官子发挥出超水平照样也会赢棋。

第一节　计算官子的大小

1. 单官

【例1】如图10-1,A、B两个点都叫作单官,单官是官子中价值最小的,因为下了这步棋后不能使对方少1目棋,也不能使自己多1目棋,所以单官是官子中最小的。A与B这两个官子没有大小之分。

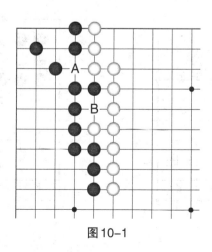

图10-1

2. 双官

【例2】如图10-2，黑先，A、B两点哪个官子的价值大呢？

如图10-3，黑1冲是正确的收官方法，黑棋虽然没有围到目，但是黑棋破掉了白棋的1目，这样的官子叫作双官。黑1这步棋的价值是1目。B是单官，应当最后再走。

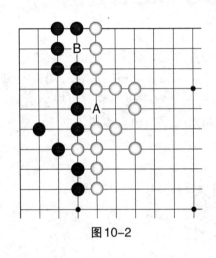

图10-2

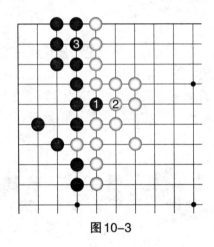

图10-3

3. 2目官子

【例3】如图10-4，黑先，A位的官子价值多大呢？

如图10-5，黑1在A位提，其价值是2目。

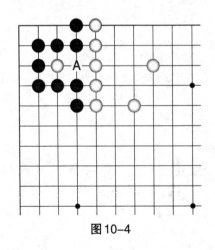

图10-4

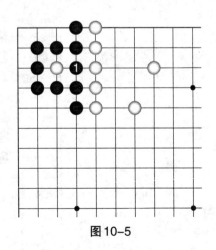

图10-5

4. 3目的官子

【例4】如图10-6,黑先,A位的官子价值多大呢?

如图10-7,黑1下在A位,吃掉白▲子2目,再加上B位1目,合起来是3目。

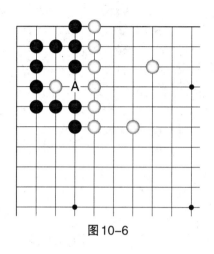

图10-6

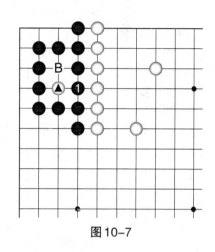

图10-7

5. 5目官子

【例5】如图10-8,黑先,A位的官子价值多大呢?

如图10-9,黑1下在A位,吃掉白▲二子4目,再加上B位1目,合起来是5目。

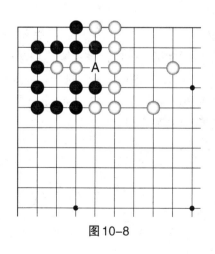

图10-8

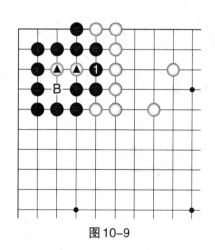

图10-9

6. 6目官子

【例6】 如图10-10，黑先，A位的官子价值多大呢？

如图10-11，黑1下在A位，吃掉白▲二子4目，再加上B位和C位各1目，合起来是6目。

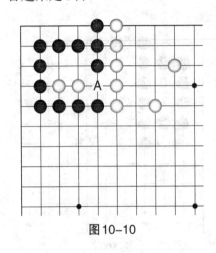

图10-10

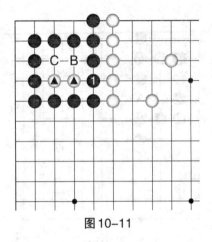

图10-11

第二节　官子类型

1. 先手官子

所谓先手官子就是一方走后，另一方必须补棋，否则会有更大的损失。

【例7】 如图10-12，黑1扳，白2打吃，黑3接后，白棋A位有问题，如不补，黑棋在A位断吃，白棋整块棋危险。黑1、3称为先手官子。

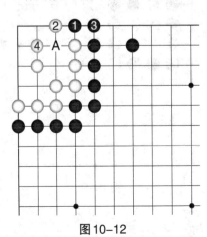

图10-12

【例8】如图10-13，黑1扳，白2挡，黑3接后，角上黑棋留有A位夹的手段，白棋危险，不得不补棋，白4立。黑1、3达到先手收官的目的。

2. 后手官子

所谓后手官子就是一方占完一处官子，另一方可以不用补棋，而去占其他地方的官子。

【例9】如图10-14，黑1扳，白2打吃，黑3接后白棋不用补棋，而可以抢占其他官子，黑1扳、3粘称为后手官子。

【例10】如图10-15，黑1扳，白2挡，黑3接后白棋不用补棋，而可以抢占其他官子，黑1扳、3粘也称为后手官子。

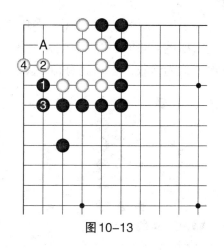

图10-13

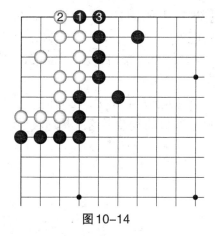

图10-14

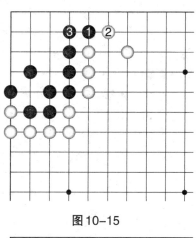

图10-15

3. 逆收官子

所谓逆收官子就是一方的先手官子被另一方强行收官。

【例11】如图10-16，黑先，这样的官子该怎么收呢？

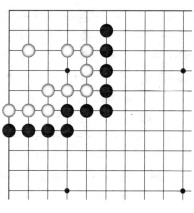

图10-16

如图10-17，黑1大飞，俗称"仙鹤大伸腿"。黑棋先手压缩了白角。

如图10-18，白棋争到▲位的挡，本来这是黑棋的先手官子，却被白棋抢占就称为逆收。以后还有白1扳、3粘是先手。

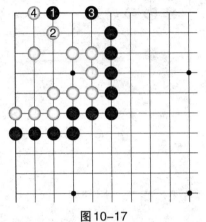

图10-17

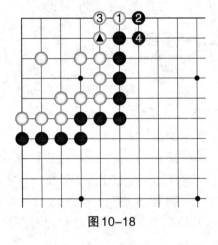

图10-18

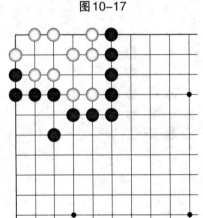

图10-19

【例12】如图10-19，黑先，该怎么收官呢？

如图10-20，黑1冲吃，白2接，黑棋先手。

如图10-21，白1接，白棋抢占了本来属于黑棋的利益，这就是逆收。

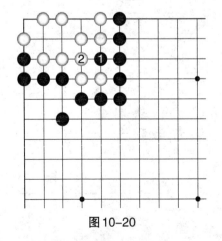

图10-20

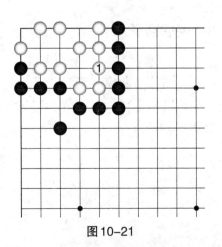

图10-21

第三节 常见的几种官子

1. 一路扳粘官子

【例13】 如图10-22，黑先，这个官子应该怎么收呢？几目呢？

如图10-23，黑1扳，白2打吃，黑3接，次序正确。其价值为后手2目，破掉白棋1目，黑棋围了1目。

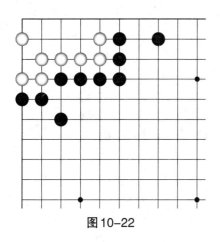

图10-22

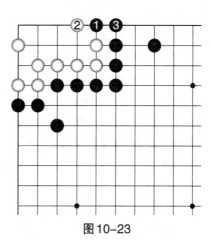

图10-23

【例14】 如图10-24，黑先，这个官子应该怎么收呢？几目呢？

如图10-25，黑1扳，白2打吃，黑3接，白4接是正确的收官次序，其价值是先手4目。黑棋围了2目，破了白棋2目。

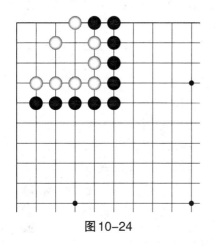

图10-24

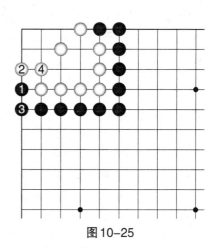

图10-25

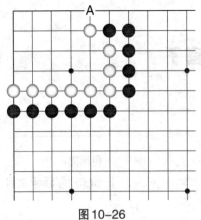

图10-26

【例15】如图10-26，黑先，白棋该怎么应呢？A位的扳有几目呢？

如图10-27，黑1扳，白2打吃，错误！黑3断吃，白4提，黑5断吃，白▲子被吃，白棋损失惨重。其中，白2打吃坏棋！

如图10-28，黑1扳，由于白棋A位有断点，白2只能退，黑3长，白4打吃，黑5接，白6接是正确收官次序，其价值是先手5目。黑棋围了1目，破了白棋4目。

【例13】【例14】【例15】同样是一路扳粘官子，但价值及先后手却差别很大。

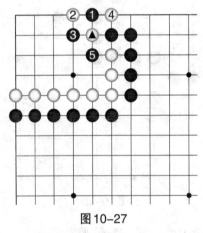

图10-27

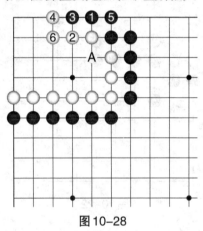

图10-28

2. 二路扳粘官子

【例16】如图10-29，黑先，A位的官子价值多大呢？

如图10-30，黑1扳、3粘的价值是后手6目。在计算双方目数时，一般按黑A立、白B立来计算。

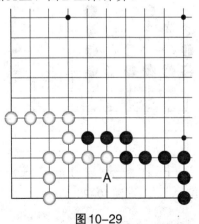

图10-29

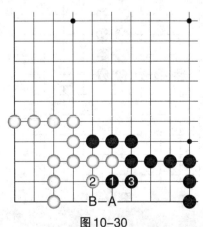

图10-30

【例17】如图10-31，A位的官子是几目呢？

如图10-32，黑1扳、3粘，白棋脱先，再黑5扳、7粘是先手；反过来同样，这样黑棋和白棋都是一方增加5目，一方减少5目，因此，这官子是双方后手10目。

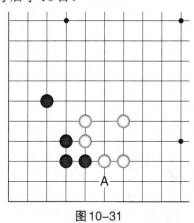

图10-31

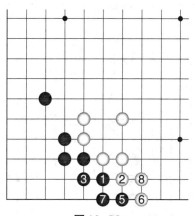

图10-32

【例18】如图10-33，黑先，A位的官子价值多大呢？

如图10-34，黑1粘的价值是逆收6目。

如图10-35，白1打吃黑一子是先手，黑4只好补活，因此，白1这手棋是先手6目。

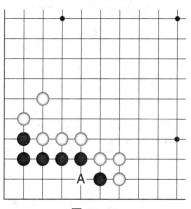

图10-33

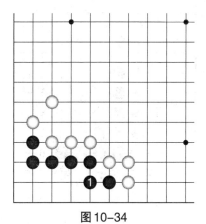

图10-34

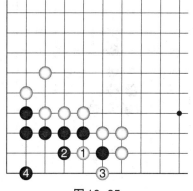

图10-35

3. 一路、二路打拔官子

【例19】如图10-36，黑棋在A位提白▲子是几目呢？

如图10-37，黑1提白▲子得2目，B位围1目，合计3目；反过来白棋提黑棋一子，白棋增加3目，黑棋减少3目，因此，这个官子是6目。

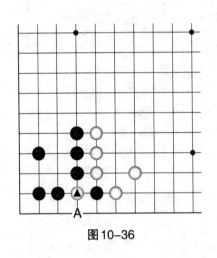

图10-36

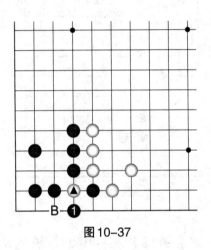

图10-37

【例20】如图10-38，黑棋在A位提白▲子是几目呢？

如图10-39，黑1提，黑棋得3目，白2脱先，黑3扳，白4退，避免打劫，至白8，黑棋先手而且还破了白棋4目，合计7目，同理，白棋提黑棋一子，也得7目，因此，这个官子是14目。

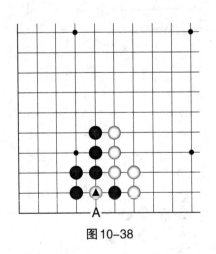

图10-38

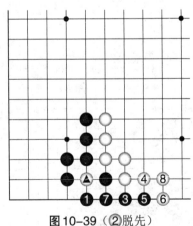

图10-39（②脱先）

4. 二路小尖官子

【例21】如图10-40，黑先，A位的官子价值多大呢？

如图10-41，黑1尖、3扳、5粘是先手，黑棋得1目、白棋少2目；若反过来白棋在1位尖也是这样，这一增一减，加起来这个官子是双方先手6目。

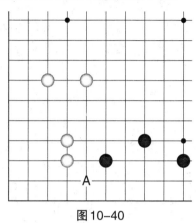

图10-40

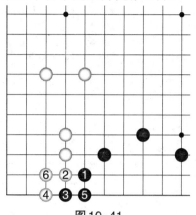

图10-41

5. 角部官子

【例22】如图10-42，A位的官子是几目呢？

如图10-43，黑1挡是很大的官子，白2若脱先，黑3扳、5粘是先手。

如图10-44，白1拐抢占角地很大，将来留有A位打吃，和图10-43比，双方相差13目之多。

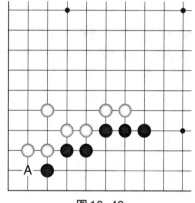

图10-42

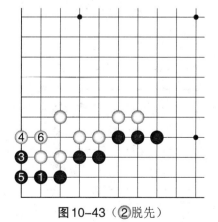

图10-43（②脱先）

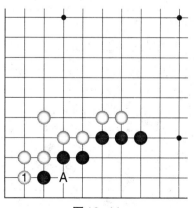

图10-44

【**例23**】如图10-45，A位的官子有几目呢？

如图10-46，黑1飞是很大的官子，白2若脱先，黑3尖、5扳是先手。

如图10-47，若被白1尖顶，角空很大，以下至白7，与图10-46相比，双方目数相差18目，因此，A位的官子是18目。

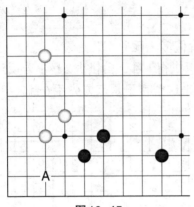

图10-45

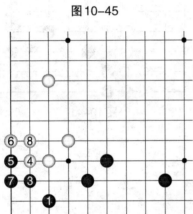

图10-46

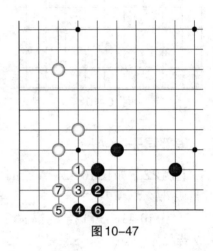

图10-47

6. 二路夹官子

【**例24**】如图10-48，A位的官子该怎么收呢？

如图10-49，黑1扳，白2退，黑棋虽然是先手，但所得不多。

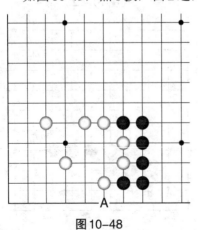

图10-48　　　　　图10-49

如图10-50，黑1夹是此形收官的要点，白2若立，黑3断吃，以下至黑9，白棋损失惨重。

如图10-51，黑1夹时，白2挡，黑3打吃，渡过，白4接，是双方正确收官次序。黑1夹，有先手7目之多。

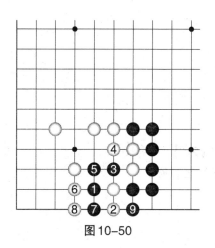

图10-50

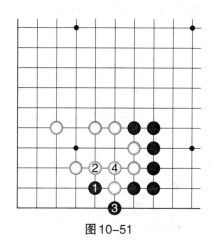

图10-51

第四节　利用打劫收官

【例25】如图10-52，黑先，A位的官子该怎么收呢？

如图10-53，黑1夹，正确。白2打吃，黑3做劫。这个劫白棋负担较重，若打输，边上的空所剩无几。

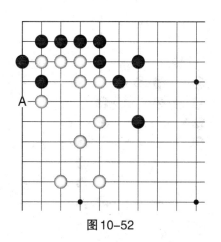

图10-52

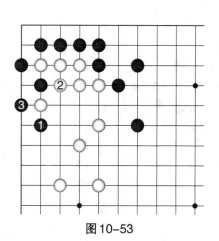

图10-53

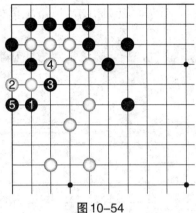

如图10-54,黑1夹时,白2若立,黑3扳,白4打吃,黑5反打,形成倒扑,白棋二子被吃,白棋失败。

图10-54

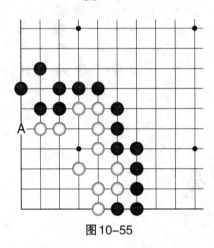

【例26】如图10-55,黑先,A位的官子该怎么收呢?

图10-55

如图10-56,黑1扳,白2挡时,黑3断吃,形成打劫。

如图10-57,黑1扳时,白2只能退,黑3再长,白4打吃,黑5粘,白6粘。这是双方的正常下法。

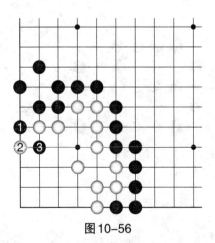

图10-56

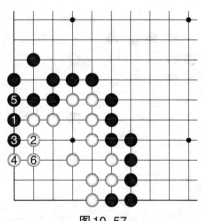

图10-57

【例27】如图10-58，黑先，A位的官子该怎么收呢？

如图10-59，黑1粘，软弱！白2粘，白棋角上的空完整，黑棋没有手段，黑棋失败。

如图10-60，黑1断吃，好棋！白2提，黑3再断吃，白4打吃，形成打劫。这个劫白棋重，黑棋轻，白棋若输劫，角空所剩无几。

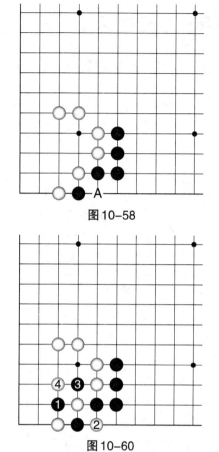

图10-58

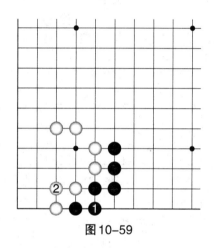

图10-59　　　　　　图10-60

关于收官还有很多技巧，在《围棋速成：入门与提高（入段篇）》中将详细介绍，本章大家要熟练掌握先手官子、后手官子、官子的大小，特别是常见官子的大小，以便在实战中运用。

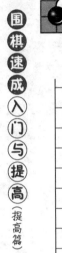

单元练习十

以下各题都是黑先,该怎么收官呢?

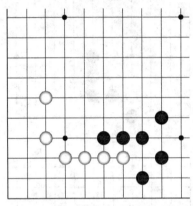

题 10-1

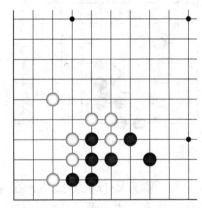

题 10-2

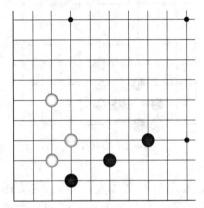

题 10-3

题 10-4

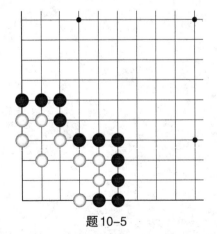

题 10-5

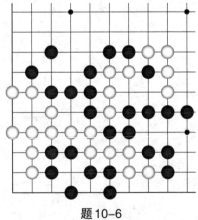

题 10-6

参考答案

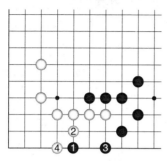

题10-1正解图

题10-1正解图：黑1大飞，正确。白2顶，黑3尖回是此形收官的正着。其中，黑1俗称"仙鹤大伸腿"。

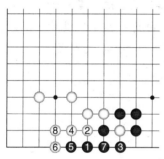

题10-2正解图

题10-2正解图：黑1尖，好棋！白2打吃，黑3提，白4退，黑5长，白6打吃，黑7粘，白8粘。其中，白4若在5位打吃，黑棋下在4位，形成打劫，白棋负担重。

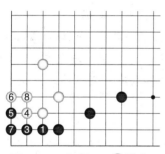

题10-3正解图1（②脱先）

题10-3正解图1：黑1爬，白2若脱先，黑3长，好棋！以下至白8，黑棋先手收官。

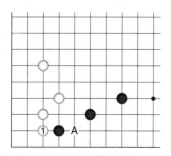

题10-3正解图2

题10-3正解图2：如白先，白1立，挡角，下一步留有A位夹吃黑棋的手段。

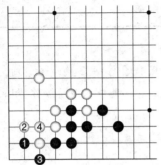

题10-4正解图

题10-4正解图：黑1夹是收官的好手！以下至白4是双方的正常下法。其中，白2不能在3位立，否则，黑棋在4位断，白棋被吃。

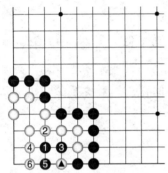

题10-5正解图（❼=▲）

题10-5正解图：好像角上已经下完，但黑棋有手段。黑1点，好棋！白2粘，黑3断吃，以下至黑7，白▲子被吃，白角被搜刮。其中，白2若在3位粘，黑棋在2位断，白棋损失更大。

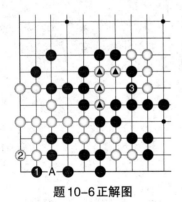

题10-6正解图

题10-6正解图：黑1扳，正确。这是双方先手官子，白2立，做眼，黑3再接，吃掉白▲四子，这是黑棋正确的收官次序。黑1若先在3位接，白2先手在1位立，黑棋只有在A位接，黑棋亏1目棋。

第十一章 实战对局讲解

第一局 厚势围空的危害

第一谱：如图11-1，黑1~白24，模样对抗

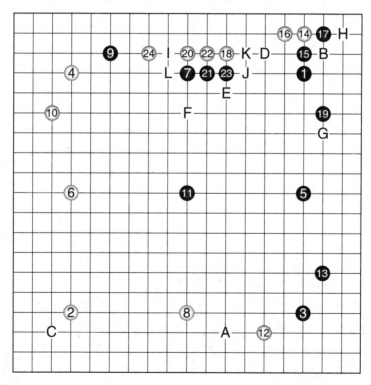

图 11-1

▶第一谱解说：

① 前8手棋双方快速张势，形成以模样相对抗的格局。

② 黑9继续抢边，也可走A位逼，这两点都是既能威胁对方，又关系双方在边上谋求发展的此消彼长的要点，是最大的局部行为。如果重视全局，可走11位天元。

③ 白10防守是不急的一手，也不符合先扩大后防守的布局原则。黑10重视局部可考虑走12位附近双方都能扩大的地方挂，重视大局可走11位天元或B位点角。如果白10不走，黑棋来攻，见图11-2。

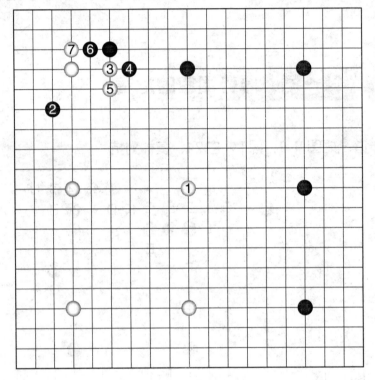

图11-2

如图11-2，白1抢占双方势力的要点。黑2如果攻击左上角，白3压，顺势对黑2一子形成反攻，黑棋得不到便宜。

④ 黑13与白10一样，不是最急处。可考虑在C位点角或在B位附近守角，这两处是双方势力的核心位置，是双方大本营的中心点。

⑤ 白14二线侵入不是常法，从道理上不容易说得通，是稍亏的一手。这手棋通常走B位点角，之后无论往上边或右边贴出，都破坏力强劲，并且目数收获也大。按打入黑棋势力中心点的位置来选择，应在19位附近挂角，破坏力更强。

⑥ 黑19又去防守，脱离了主战场。应在22位附近攻击，以下白23、黑D，对白棋尽量大地施加压力。

⑦ 白20托，会把左上黑棋二子走强，不是正常下法。通常走E位跳出头，

今后可在F位反包围或在G位打入都很严厉。如果更职业一些，白20在黑19守角时，应立刻走H位二路夹，无论黑棋怎样应，这手棋或得利用或得便宜，在后面行棋过程中都对白棋有一些帮助。这手棋如不马上走，今后很有可能走不到或走到也不便宜。

⑧ 黑21俗手，这手棋想阻止白棋往中央出头的心情可以理解，但手法上使自己弱子贴在了对方强子身上，这几个子的前途令人担忧。黑21应走I位扳，用二子包住白棋一子，是加强自己，重伤白棋的正常下法，之后白棋如何加强20位弱子，要花费一番心思。

⑨ 黑23继续往白子身上贴，无理可讲。应在7位的左一路长，是安全的一手。

⑩ 白24是疲软的一手，这手棋对黑棋压力很小。应在J位扳，这里如果被黑棋在K位先手扳到，双方规模相差很大。白24在L位扳也是紧凑有力的一手，可以考虑。

第二谱：如图11-3，黑1~白22（总谱黑25~白46），错过重要急所

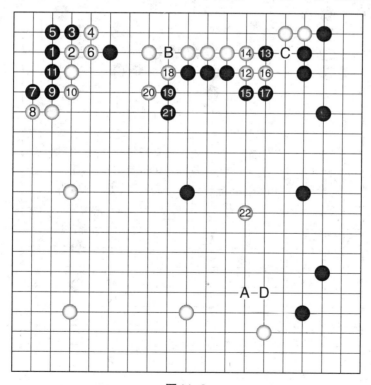

图11-3

> **第二谱解说：**

⑪ 黑1点角看重局部利益。大局下法是走左下三·三点角或在A位张势。

但此时有一个全局重要点是黑棋于18位长，黑棋三个弱子顿时强大起来，变成了保护大势的一道铁壁，同时白棋上边四子大大变弱，处境令人担心。如下一手黑棋再在B位冲、白棋挡、黑棋在14位扳，白棋棋形崩溃。

⑫ 白12好棋，像黑棋在14位扳和白棋在12位扳这类双方都能先手扳的地方，厚薄、规模与目数出入差别巨大，无论谁占到，都对局势优劣有直接影响。

⑬ 黑13多此一举，损着，这手棋只能在15位挡。

⑭ 白14当然应在16位压，与黑C交换一手再在14位粘。这样黑棋封锁不住白棋，黑棋中腹势力破碎。

⑮ 白16与黑17交换强化了黑棋外势，黑棋明显便宜。白16应单走18位，黑棋上边四个弱子不太好办。

⑯ 白22步子太大，并且周围白棋都弱，黑棋都强，是极冒险的一手。这手棋稳健的下法是走D位跳。

第三谱：如图11-4，黑1～白24（总谱黑47～白70），厚势围空必输

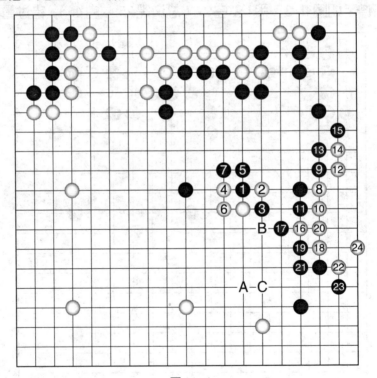

图11-4

● 第三谱解说：

⑰ 黑1即属于我们平时常说的"厚势围空"这样最吃亏的情况，往往这样的一手棋可由优势直接转为劣势。道理是：图中黑1以下着数只围了二十余

目,而这里让白棋来破,几手棋也不见得破得光,想一想双方手数出入众多才能获得不到20目的价值,谁来抢谁就吃大亏,并且这里黑棋受到压缩,白棋在外围还能围不少空,实际就是围了等于没围,黑棋厚势价值已经一文不值了。反之,厚势用来攻击和作战威力巨大,往往在攻击过程中每手棋能发挥出比平时更强的作用来,能对对方弱棋造成致命伤害,从而一举获得优势。

总之,厚势围空细细算来,往往每手棋只有不足两三目的价值,而攻击中的棋,一手棋有四面威风,让对方防不胜防,价值往往超过大场。

黑1当然应在A位附近反击,如此白棋下边、中央都弱,两面很难兼顾,形势将十分危急。

⑱ 白2勇往直前,精神可嘉。其实在目前黑1严重退缩的情况下,白棋只要在3位、6位附近长一长,就是明显优势,完全没必要再去冒险。

⑲ 白8利用黑3的弱点,谋求活棋,感觉良好。但这手棋仍是不明大局之举,担负着很大的风险。目前白棋只要在B位打,再在C位跳,简单收兵,即可获得局面优势。

⑳ 黑9与11顺白棋调子走棋,白棋风险逐渐降低。这两手棋均可在B位长出,一手补净弱点,且对外面的影响也完全具备一手棋的价值,并且依然可继续攻杀右边白棋。如此采用最强烈的反击,才有可能早些扭转不利局面。

第四谱:如图11-5,黑1~白30(总谱黑71~白100),黑棋应该如何追赶?

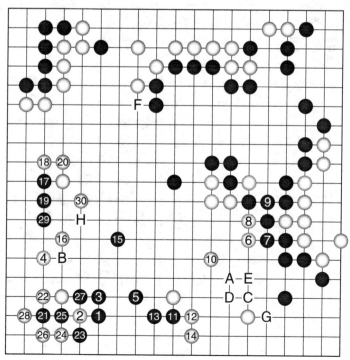

图 11-5

第四谱解说：

㉑ 黑1方向有问题。本意想对下边及中央的黑棋施加一些压力，但实际上却正好督促白6以下补强了下边。因此黑1不如走4位挂，白棋左边、下边较虚，有四面漏风的感觉，成空较难。今后白棋一旦走到A位附近进行攻击，局势将再起波澜。另外黑1直接走A位切断中央与下边的联络，再找机会走21位点角的下法也相当不错。

㉒ 白4越守越小，今后外面受欺压，里面还有棋。这手棋应该大大方方地走B位守角，里面空多，对黑1、3的压力还大。即使左下黑棋点入活棋，外围白棋走厚了，今后的作战更有利，完全可补偿角里面的损失。

㉓ 白6是好棋，一边攻黑棋弱点，一边补强。

㉔ 黑7接，这局棋就再难挽回了，这手棋必须在C位压、白D扳、黑A连扳，强行突破，进行最后一搏，将局势尽量搅乱，如此或许还能出现一些机会。

㉕ 白10队形严重扭曲。当然应在E位跳，姿态优美地直线联络。

㉖ 黑11继续帮白棋补强，而对自己目数没有多少收入，当然不好。黑11可考虑按图11-6进行。

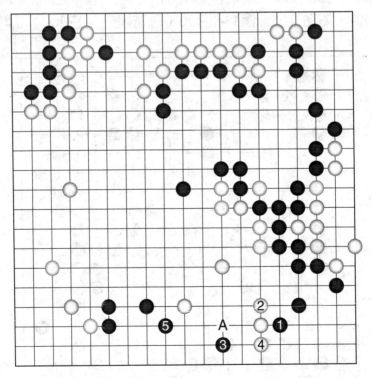

图 11-6

如图11-6，黑1尖，角上目数增加不少。白2长时，黑3再低位潜入，下一手4位、5位两条退路。如此全局形势将大大拉近。另外，黑1直接A位打入，虽然非常冒险，但如果成功，将收获巨大，也值得考虑。

㉗ 黑17、19拼命，但几乎属于自杀性的，于局势无补。黑19应在20位扭断，有一些棋。

㉘ 黑21好棋，这手棋也可以走26或24。至白28，黑棋这里取得了一些便宜，但仍无法挽回局面。

㉙ 黑29无理。目前F、G两点是双方弱子集中处，同时相关双方开口和目数，最大。其次在H位可以利用一下左边黑棋二子，压缩一下左边。

㉚ 白30稍差。4、16处二子明显弱于18、20处三子，白30当然应在H位尖，距弱子近一些。这样的地方，子力分布越均匀就越牢固且越不容易出问题，棋形结构也自然变得美了不少。

第五谱：如图11-7，黑1～白60（黑101～白160），官子问题

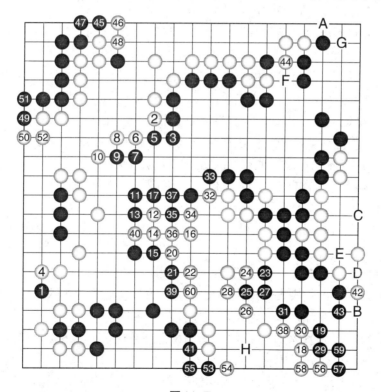

图11-7

▶ 第五谱解说：

㉛ 黑1自投罗网，损失变化和劫材，不好。应走2位或38位，这两处最

大。也可以走49位或45位先手扳粘，这两处很急。

㉜ 白2也大，但比4位稍小，不如走4位稳当。

㉝ 黑3退缩，拼搏意识差。应走4位活左边。由于左下角白棋还没活净，如此很有可能给白棋造成险情。

㉞ 黑5、7同样走38、49、45三处最急最大。

㉟ 白6应反过来走18、51两处官子。

㊱ 白8松缓、悠闲，应在9位连扳紧凑。

㊲ 黑9、白10以下至黑17都是走的小棋。大的地方是38和49两处。

㊳ 黑19应先在49处扳粘后再在19位尖。

㊴ 白20继续走29位依然大。

㊵ 白30走在黑棋强子身上，不自在。应在38位守或41位曲。

㊶ 黑31没必要。这手棋局部应在58位扳；全局应在41位挡，攻防兼备，最大。

㊷ 白38、黑39都应抢先走41处。

㊸ 白40没用。"两活勿断，两活勿连"都是指的这种情况，本身没有目数。

㊹ 白42落入黑棋设置的陷阱。黑棋走42位本是先手，没有走，就是等白棋来扳。这手棋应走上边A位先手扳后，再抢56位的先手扳。

㊺ 黑43退，过于忍让。当然应在B位挡，以下白C、黑D、白E，黑棋得先手，可抢其他官子，如此白棋在这里几乎白亏了一手棋。

㊻ 白44应先在A位扳或在F位团，以防今后走不到。

㊼ 白44后，黑棋应立即在F位补。否则，白棋走到F团，黑棋挡不住，不然，白棋有G位夹的手段，黑角先手被破坏。

㊽ 黑57粗心，如果是细棋局面，这手棋走对，立即就能确定胜局。黑57应如图11-8。

如图11-8，对白1扳，黑2断、4点是好棋。白5拐吃，黑6断能吃回一子，同时破掉白空，收获极大。这是局部手段，综合全局，白7至白11，白棋收获也很大。因此，综合全局，黑棋可考虑按图11-8进行。

如图11-9，黑2、4给白棋留下9、16处的毛病后，抢6位的官子。白7先断一手好棋，至少先手便宜1目。

白9后，黑棋一路先手可占到其他所有大官子。如此，才不枉每一手棋该起的应有作用。当然，全局盘面黑棋仍差几目棋，这是黑棋当初厚势围空之举造成的巨大损失，是之后局面正常进行所无法弥补的。

㊾ 黑59、白60都应抢占F处官子。

本局总结：本局问题手汇总：黑31、白28。从棋形看，双方水平接近，

实/战/对/局/讲/解

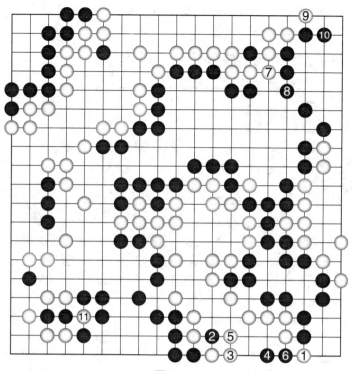

图 11-8

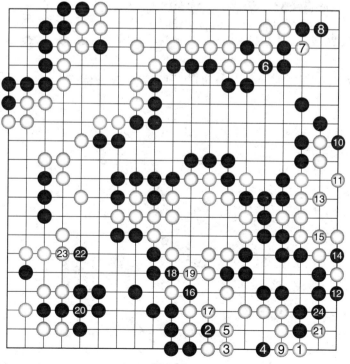

图 11-9

都有一定实力，只是黑棋中盘一处厚势围空，导致了黑棋形势大幅落后，加上之后的反击力度不够强，最终白胜。总之，是不错的一盘棋，

本局总谱（图11-10）：共160手，白中盘胜

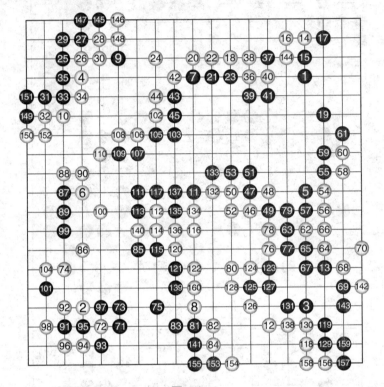

图11-10

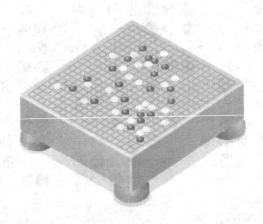

第二局 棋局主线清晰的一局

第一谱：如图11-11，黑1～白24，高级布局中的高级问题

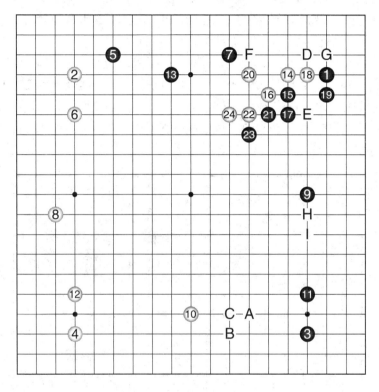

图11-11

第一谱解说：

① 白10一般先在A位一带背向挂角，再在10位拆，这样扩大自己与压缩对方的效果较好。

② 黑11加强防守。与C位相比，不如C位具有扩张性与攻击性。因此黑11先走C位再走11位的顺序被更多人采用。

③ 白12与黑13同黑11一样，不具有攻击性。其中白12可在14位或13位趁上边黑棋弱，攻入上边，走A位一带扩大，同时压缩右边黑阵也是不错的选择。黑13也可走B位或C位扩大下边，这是双方最后一处发展兼压缩的大场，并具有一定攻击性。

④ 黑13加强一手，白14紧接着挂右上角，就像战场上对方刚摆好阵势，你就冲进去一样，会立即招来被动，导致局面落后。就算白14能不受攻而轻松破掉右上一带，黑棋在B位或C位拆，在右下又成起大势，白棋还要忙着破坏，白14也劳而无功。不如白14走A位附近扩大，与黑棋对抗，待寻找到黑棋弱点后再打入。

⑤ 黑15并非不能走，但攻得很急，反而容易让白棋迅速逃离或活棋，手法上不能支持。但黑15照普通走D位或E位缓攻，白棋有可能不理而抢占下边A位好点。因此，黑15应该支持、鼓励加赞扬。

⑥ 白20照顾自己，保证出头，下一手可在F位挡，加重对黑7一子的伤害，还可在G位抢角，是一般下法。走得再积极些可参考图11-12。

如图11-12，白1靠、3扳，拓展眼位空间，至白9可原地活棋。其中白1、白7撞强上边黑棋，白5没能在6位连扳，加上白9落了后手，结果白棋并不见得会比实战好。

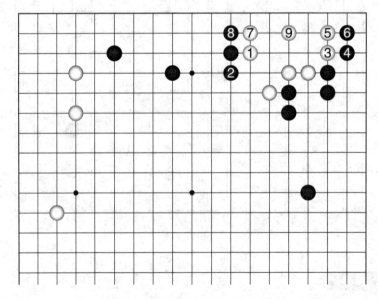

图11-12

⑦ 黑21、23方向错误，有替白棋走棋的意思。如果黑9一子处于H位或I位，黑21曲后，右边的间隔很不错，这样的下法还情有可原。而实战黑21曲后，黑9与右上角的厚势间隔太近，作用重复，黑21曲就没有什么实际意义了。黑21应解决黑7弱与G位相关双方眼位与厚薄的两个问题。因此黑21可参考图11-13。

如图11-13，黑1贴，下一手2位刺厉害，白2只能挡。黑3再挡角，两面走到，可以满意。白4以下往中央出头，至白8，结果大至如此。

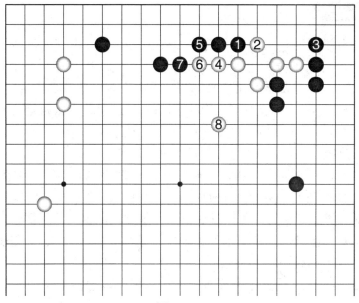

图 11-13

第二谱：如图 11-14，黑 1 ~ 白 20（总谱黑 25 ~ 白 44），自投罗网与放虎归山

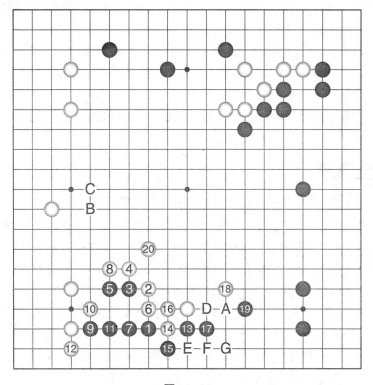

图 11-14

第二谱解说：

⑧ 黑1自投罗网，大方向不对。如果在左下边一带打入，前提是A位附近要有黑子，否则十分危险。当前A位是双方发展的好点，黑1可走A位一带。如果从阻碍白棋发展的角度来选点，可下在B位镇或C位吊。另外，黑1走6位高一路也不行，白棋只要在19位附近拆，就可建立根据地且有目数，而黑1子还要逃跑。另外，黑1打入在白棋势力的边缘位置上，不伤白势，很有可能会助长白势，这也说明黑1选择的方法与策略存在问题。

⑨ 黑3靠，往强的方向撞，只能使自己受伤害越来越重。这手棋只能走13位托，白棋如在17挡，黑棋在D位断。这样，能避开左边白棋的势力，同时右下黑棋二子能借上力，虽然下法勉强、生硬，但也只能这样了。职业一些的下法是黑3在走13位托之前，可考虑左下角E位刺，与白F粘交换一手，留下余味后，再从13位托往外突围。

⑩ 黑5退不好，不能任由事态发展，应采取紧急措施如扭断等下法，与白棋奋力抗争。

⑪ 白6看起来是边攻击边整形的好棋，其实很大程度上帮助了黑棋，俗手味道很浓。白6应走11位点，黑棋棋形彻底崩溃，是对黑棋整体造成致命打击的一手。

⑫ 黑9、11继续纠缠，与白10、12交换又亏了不少。黑9应立即走E位飞、白17、黑G突出包围。

⑬ 黑13着法过强。应避开白棋强势子力，于E位飞出，结果会安全得多。

⑭ 白14不阻碍黑棋出路，反而是催促黑棋逃跑的一手。白14当然应走17位挡，黑棋困难。

第三谱：如图11-15，黑1～白28（总谱黑45～白72），打入后的攻防

第三谱解说：

⑮ 白2也可在3位直接压住，以下黑棋在2位扳，白棋在5位断，黑棋困难。

⑯ 黑7重大俗手，让白8以绝好的姿态包住自己的弱子，心情太坏了。黑7可考虑在11位飞或8位点，黑棋能活得相当轻松，白棋外围也不是很厚。

⑰ 黑9与白10交换大损，并且眼位仍然艰难。黑9可参考图11-16。

如图11-16，黑1托，由于有黑9的扳出，白2只能挡。黑3扳考验白棋的神经，白4如打吃，黑5好手，白6提时，黑7暗藏的先手现身，以下白8粘，黑9可出头破坏白棋外势，当然白10压后，上边黑棋要付出相当大的代价。如此黑棋优于实战。其中白8如走9位挡，黑棋先手提劫，之后，无论白A还是白B寻劫，黑棋均消劫，虽然全局黑棋不好，也只有如此一拼了。

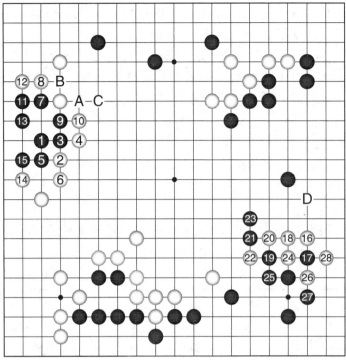

图 11-15

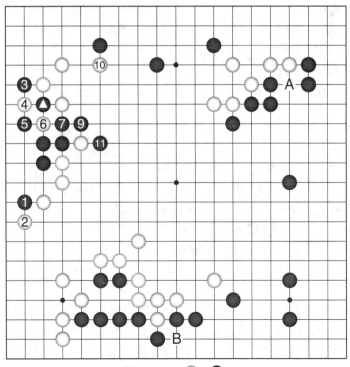

图 11-16（⑧=△）

⑱ 白12如在14位尖，黑棋不是一定能活。白12挡住已经很满意，就没有继续追杀黑棋。至黑15活棋，由于活得憋屈，结果白棋满意。

⑲ 黑13粗心。活棋之前，必须在A位先打吃与白B交换，如此白棋这一带的外势不完整，黑棋可借此在今后的行棋过程中对白棋进行威胁。如13补活之后再在A位打，白棋就很可能走C位反打了，这里的断点就利用不到了，这里A位打与B位粘交换到与否，对局面的影响很大。

⑳ 黑19过强。这里白棋打入之子活动空间足够大，并且中央还有很多援兵，并无安全问题。这里黑棋攻势越猛，对右上一带黑势越不利。这手棋应在D位先守一着，之后白21联络，黑棋再转战左上角或右上角双方相对弱一些且价值较高的地方。

㉑ 白22无理。黑17以下攻势很猛，必须避过风头再进行反击。因此，白22应在23位扳，保障安全出头并逐渐伤及右上黑空。

㉒ 黑23貌似凶狠，其实遗留下严重缺陷。黑23应参考图11-17。

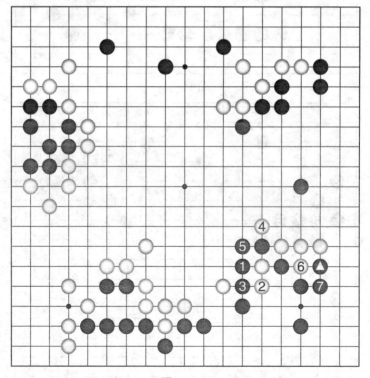

图11-17

如图11-17，黑1打好棋，下一手如在2位空提收获巨大、心情极好，因此白2极其为难，如2位长出不让黑提，黑3接，外形依然完整，附近的白棋形状破碎，重要的是白6对黑棋已经不具有任何伤害了，黑7可接在三线，黑△一子棋筋安然无恙，如此右边打入的白子比起左边黑子情况恐怕更糟。因此黑

1打吃时白2只能走在6位,让黑2空提一子,白棋再在7位打吃黑棋。如此,黑棋这里取得的战果也相当令人满意了。之后黑棋左上、右上抢先动手还能有些收获,全局形势仍然相当接近。

㉓ 白24俗手。应在28位单扳或在27位点,之后有24位、25位两种打吃选择,黑棋棋形极薄,不好。当然,就结果论,以俗手达到简单活棋的目的,以免多生事端也很不错,只是棋的妙味差得多了。

第四谱:如图11-18,黑1～黑29(总谱黑73～黑101),白棋右边突然胆怯

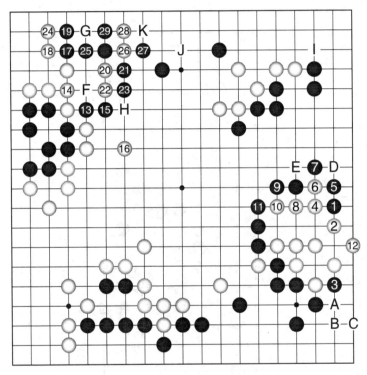

图11-18

> **第四谱解说:**

㉔ 黑1飞,棋形不正,今后不好发力。黑1一般走4位尖,棋形要坚固一些。

㉕ 白2专心保护眼位,对黑棋没有施加大的压力,这是害怕的表现,本身价值也极低。这样下,如果全局优势不够大,几手棋就能丧失优势。白2当然应在A位扳,双方都是弱子,黑B挡,白C连扳,白棋这里基本是先手活棋,目数也多。这两种下法结果相差甚远。

㉖ 黑3看到白棋害怕,竟在劫材不利的情况下,强行打吃破眼,极为无

理。黑3此时只能走左上或右上抢角,不能再打右边白棋的主意了。

㉗ 白4以下东冲西撞,皆为损着,为了得1目棋,走了好几手,还损了好多劫材。白4应在A位打吃开劫,不仅4～10全是劫材,并且D、E处还有很多后续劫材,完全可轻松打胜这个能有巨大收获的劫。

㉘ 白12依然在劫材有利的情况下不开劫,而委屈地在一线做眼求活,十分屈辱。应参考图11-19,对白棋极为有利。

如图11-19,白1断吃,黑2不能提劫,只能立下防渡十分郁闷,白3长进角后,这个劫黑棋如再打输损失就大了,但白棋劫材有利,黑棋肯定打输,如此白棋可一举获得胜势。

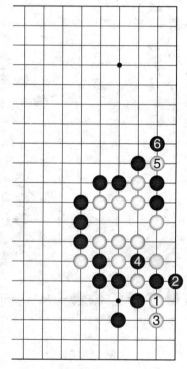

图11-19 白7提劫

㉙ 黑13打吃无理,只能走19位飞,争取角地。

㉚ 白14粘被利用。应在15位反打,反包黑棋。以下黑14位提、白20压,保留F处的打吃是重要的好棋,结果黑棋不好。其中白20压如改走F打、黑棋粘,如此白棋自撞气,之后白棋不好下。

㉛ 黑15长出,白棋中腹形势受损,这里黑棋取得了一些便宜。但黑15之后的下一手,由于黑15与挂角一子之间联络不好,十分难下。因此黑15还是走22位尖或直接在19位飞稳妥一些。

㉜ 白16照顾中央是顽强且执拗的一手。下一手看黑棋如何攻击白角。

㉝ 黑17与白18交换，弱子贴在强子身上，只能自伤己身。这手棋只能在19位飞，采取缓攻策略。

㉞ 黑19立，黑棋几处子力之间的联络裂缝更加严重。当然黑19走在G位倒虎，棋形弹性大大增强，安全方面要好很多。

㉟ 白24过于稳当，是缓手。在高手的对局中，经常一个缓手，导致全局被动，一定要追求着着紧凑有力。白24温柔一些可于26位先断，为下一步在H位断做些准备。火爆一些可直接在H位切断，虽无十足把握，但看上去黑棋更为危险。

㊱ 白24一活，17、19与13、15处的黑子价值立即降低，不再是棋筋了。因此黑25几乎没有任何作用。黑25应在I位长，占据右上角实地，并对右上角白棋施加压力。

㊲ 白26断，为H位断做准备，但本身很损，且13、15二子已不重要，这手棋同样应在I位抢角。

㊳ 黑29走在强并且靠里的一边，不符合棋理。黑棋这时可能还在打左上白角死活的主意，其实白角是活棋。黑29后H位与J位的问题相当严重，黑29本手还是应走K位挡，如此白棋在这里损了不少，黑棋还可慢慢等待机会。

第五谱：如图11-20，白1～白49（总谱白102～白150），大官子阶段的收口问题

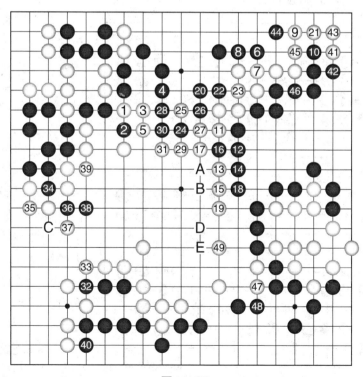

图 11-20

第五谱解说：

㊴ 白1是双方弱点很集中的地方，因此很大。

㊵ 黑2打吃，损着，且上边被包围的白棋二子蠢蠢欲动，周边形势对黑棋极其不利。正常的下法是：黑2走28位跳，白棋在2位粘，黑棋在11位压，借攻击右上角弥补右边黑棋断点多的毛病，还能扩大右边、侵消白棋中央的空。总之，白1与11两处都是弱点集中的地方，双方各占其一比较正常。

㊶ 黑4双是防守的形，是本手。黑4如于5位长很厉害，但下一手白棋在4位尖反击更厉害，黑棋不可妄动。

㊷ 白5补一手有必要，这里依然弱点很多，很容易出事。如果能在11位先曲一手，再在28位补就更完美了，但可能立即招来黑棋左边的一系列拼命行动。

㊸ 黑6很大。这手棋也可在11位压。

㊹ 白13严重过分，败着。可能看到黑6、8收获很大，白棋急于围住中央，心情过于急躁。白13只能于16位压，如此胜负难以预料。

㊺ 黑14错过机会。黑棋应在16位冲，白棋在17位挡，黑A断，白棋在15位长，黑棋在26位断打，黑棋胜势。

㊻ 白15应在16位接。这里黑棋一旦冲出，白棋受不了。

㊼ 黑18再次错过机会。应同㊺，黑棋可小胜。

㊽ 黑24应在49位跳，细棋。黑棋此后也一直未在49位跳出，失去了下成细棋的机会。

㊾ 黑36重要，C位生出不少劫材，右下角白棋就不敢贸然开劫了。如此形成了差距不大的结果。

㊿ 白49跳，双方盘面目数相当，白棋胜局已定。

本局总谱（图11-21）：共150手，白胜

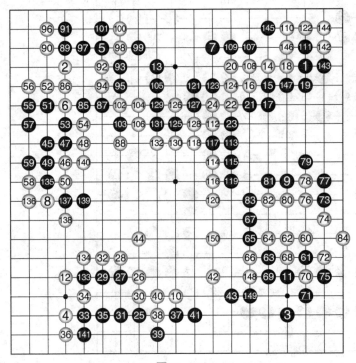

图 11-21

第三局　棋形结构牢固的一局

第一谱：图11-22，黑1～黑31，三连星布局的弊病

▶ 第一谱解说：

① 黑7的下法过早地改变了三连星要张势作战的初衷。我们知道，一局紧凑有力的棋局，随时出现的每个子都要身处一线，积极发挥作用。角上的子，本身价值就高，由于四周发展广阔，马上就会有对方的子来挑战。而边上的子，就有可能被对方绕路而行，很长时间不能参与战斗，借不上力。本图中的黑5很早就走了，很多手之后才起作用，那么早走它干吗？现在黑7小飞采取守势，如此牢固，黑5自然不会起到重要作用了。如相应地，白棋占到了更

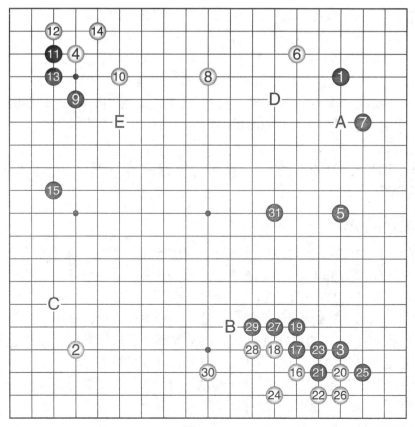

图 11-22

重要的大场，黑棋就亏了。总之，怎么看1、7与5、3都十分不协调，必须让黑5早点投入战斗。这样，就必须让黑势大起来，走得稍稍快一些。如脱先走左上或左下挂角，下边拆边或上边夹攻，退一步说，黑7走A位高一路守角从气势上和协调性上也好很多。三连星布局的关键是张起大势，积极求战，处处争先，让黑5位置放出光彩，同时在形势难扩张时要随时灵活地转向实地。当然，三连星布局对外势的把握与杀力的要求也较高，而且对手对于外势的侵削及掏空能力的强弱也对局势发展有很大关系。

② 黑17是初学者定式或让子棋定式，高手将它当作场合定式或调整心情的定式。这手棋将白棋弱子压强了，不合棋理。并且把实地给了白棋，自己的虚空发展空间并不大，主要是无法在今后攻击白棋、施展手段和灵活利用保留的各种变化，这样下就把棋下死板了，即棋的味道没有了。一定不能以将对方的弱子走强来换取势力，而要等对方自己走强了，以让对方的强处更强（子力重复）来换取己方所需的势力，同时最好让对方的弱子越来越弱，通过攻击获得便宜。黑17可考虑夹攻或在20位附近守角，务实一点儿。

③ 黑21如走25位相比实战黑棋更实一些，白棋也更虚一些。从定式变化形成的结果来说：实比虚好，自己越实越好，棋形牢固，对方难以下手；对方越虚越好，存在一些弱点，今后可根据情况施展一些手段获得某些利用。

④ 白30类似于做眼，不好，应在B位扳，与黑棋右边争发展。

⑤ 黑31过缓，围的模样很小。一手棋的思路是：一定要设法扩张自己，压缩和妨碍对方，最好找到对方弱点进行骚扰、威胁和伤害。每一手棋都要和对方发生关系，才是紧凑有力的棋。如目前走C、D、E等都是双方发展与弱点集中处。

第二谱：图11-23，白1～黑30（总谱白32～黑61），打入时机与打入点的选择

◆ 第二谱解说：

⑥ 白1的下法在本局中虽然可行，但水平不显很高，属于拼命的下法，很容易导致崩溃。白1子贴在黑棋身上，不是你死，就是我活，大多时候是送命。白1可参考图11-24的下法，很多时候有着本质区别。

如图11-24，白▲走在边角的结合处，下一手往边走、往角走都有棋，都不会吃到苦头。而图11-23中白1后，白棋往哪边走都是黑棋的势力范围，很容易使自己处于被杀的境地。另外，白1打入时机感觉稍早。

此时白1通常走A位跳，扩大上边的同时，压缩一下右边就够了。如此右边黑空有白子靠近，里面味道尚存，黑棋心里不踏实，白棋可以满意。

就图11-23中的局势而言，白1选点尚可。白1如走B位、黑棋下1位，

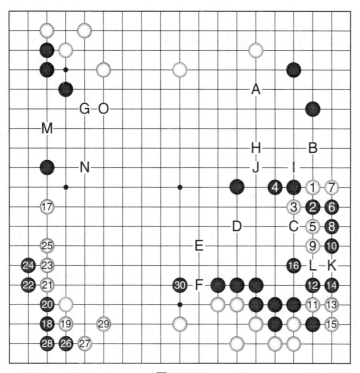

图 11-23

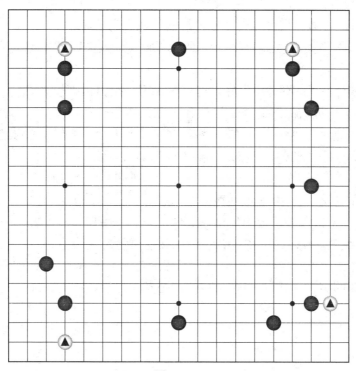

图 11-24

白棋下A位，形成B、A配合，可扩大上边，压缩右边，对黑角施加压力，引诱黑棋吃白B之子，如此可获得一些好处，但也有一些负面作用：今后白11断、黑12打、白13长时，黑棋就能走15位挡了。再如白1走5位，黑棋在1位守，防白棋在1位托进行腾挪，以下白D或白E从外面吊，引诱黑棋来断，白棋再在11位断，从右下角方向利用5位之子，如果白棋还能走到F位扳，帮助自己左下扩大，结果会更加满意。但如此下法也有一些负面作用：今后在B位的打入就消失了。如白1改走C位高一路骚扰，机动性更强一些，之后黑棋在1位守、白A占要点，下一步白棋有E位吊，然后D、F两位必得其一的手段，黑棋大致要在30位跳防一手，白棋再下G、H等处盯紧黑棋弱点，如此看起来安排巧妙一点，利用比较多，但黑棋妥善应对后，白棋也不见得有什么便宜。

而实战白1比上述三种下法略好：白1托，黑2扳时，白3于I位扳很关键，这手棋走后，下一手黑4长，白棋可在B位虎增加棋的弹性，之后或A位跳或6位扳做劫，白棋都可下。另外白棋在I位扳时，黑棋如在7位打，逼白棋粘，以减少棋的弹性，白棋可在J位轻松地走向中央。这样一来，白棋下法灵活，处处骚扰，黑棋不容易制住白棋。如此，右边不净，而白棋也没有明显的损失，相比之下，这一下法稍好一些。这是弃子骚扰再利用的组合战术思路，如果组织得不好，结果不一定便宜。当然，如果经常尝试，有高手敏锐的感觉和算路，右边白棋可能会有更灵活的骚扰利用手段。

⑦ 白3思路不清，属于硬拼，不好，加大了损失。可参照上述说明中的下法进行。

⑧ 白5至白9先不交换为好，这里每一手交换白棋都损失很大。

⑨ 白11是落入深渊的一手，如此一来，右边行动彻底失败，白棋将全体被杀。白11这手棋走K位还有一些棋，下一手黑棋下C位、白棋下L位或11位，黑棋不容易全部吃掉白棋，白棋可以得到右下角。

⑩ 黑14错过好机会。当然应15位挡，将白棋一举全歼。

⑪ 白15过小，应考虑走其他处。

⑫ 黑16无棋自补，无用之棋，白白浪费了一手棋。应走23位挂角最大。

⑬ 白29是不急的一手。因为周围双方都强，规模也不大，无需立即补棋。可考虑在M位打入，攻击黑棋，然后走右上，最后再在29位回补不迟。

⑭ 黑30很大，也可走N位或O位加强左上黑棋。

第三谱：图11-25，白1～黑28（总谱白62～黑89）

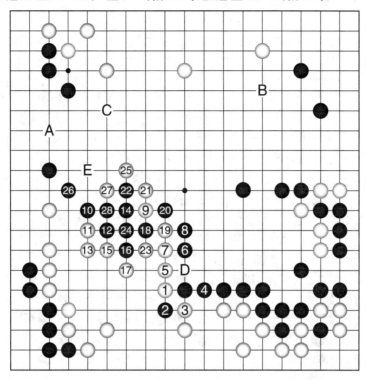

图 11-25

> **第三谱解说：**

⑮ 白1从很窄处利用厚势围空，不好。应在A位打入或在B位跳出较好，走在黑棋较弱的地方。

⑯ 黑2令人费解，陷入泥潭的一手。当然应在5位扳一手，再抢占C位或B位等其他好点。

⑰ 黑4走在双方强处，对对方一点压力也没有。应在D位长，威胁、限制白1一子的行动。

⑱ 白5长出，形势已转为白棋大优的局面。

⑲ 黑6按理比E位跳差。E位是走在自己弱处，而黑6只是在强处围地。

⑳ 白7、9及黑8同⑲。白棋应走A位，黑棋应走在位。

㉑ 黑10无理至极，只能在E位跳防守。

㉒ 白11岂有此理。犯"厚势围空""狭窄处行棋""弱棋不杀"三重大错。当然应在26位尖出，黑棋呈裂形，两边必死一边。

㉓ 黑12、14、16、18均应在E位退守。

㉔ 白13、15、17均应从26位尖出杀黑。

第四谱：图11-26，白1～白43（总谱白90～白132），紧张的大官子阶段

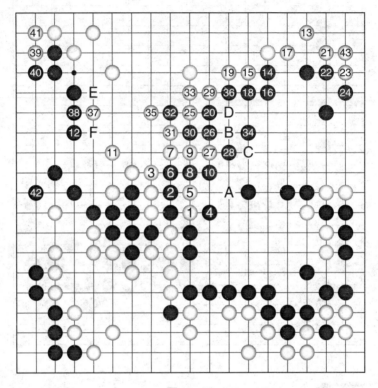

图11-26

▶ 第四谱解说：

㉕ 白1至黑12双方顺调行棋，在这里走得都很小心。其实这一带都是一些小毛病、小问题、小手段。目前全局如13、16、37附近才是大棋。除此之外，白棋在A位碰是利用左右白棋弱子冲击黑棋开口处弱子，矛盾冲突比较集中的地方。白1至黑12的交换既说明双方都有一定棋感，又表明双方在同一水平线，行棋都比较谨慎。如白棋在37位先手交换一下，后在16位跳，下一手可在A位碰或在21位点角，加快行棋节奏，轻处理中央一带的琐碎子力，较为理想。

㉖ 白13与16位相比，虽然差不大，但16位比13位影响范围与作用更大一些。

㉗ 白17缓手。如此下棋形极厚，但18与27两处更急一些。

㉘ 黑18曲，再20飞，形势追赶上来，形成细棋。

㉙ 白21败着，角上虽大，但不如中央情况紧急。这手棋必须在25位挡。

㉚ 黑22败着，如在中央32位先手跳，再回到22位挡，黑棋稍优。

㉛ 黑26失误。应在29位冲、白棋在33位粘、黑棋在27位曲，棋形美观、牢固。如此是细棋，胜负难料。

㉜ 白29手软。正常的下法是：白B断、黑C长、白D挡可吃掉黑棋二子，白棋可确保获胜。

㉝ 黑34官子损。于B位接比34虎要至少便宜2目棋。

㉞ 黑36是逆收3目的官子。应抢占10目左右价值的二线官子。

㉟ 白37、黑38都应抢二线官子。

㊱ 白39、黑42、白43都是大官子。此时，盘面白棋已经明显领先了。

本局总谱：图11-27，黑1～白132，白胜

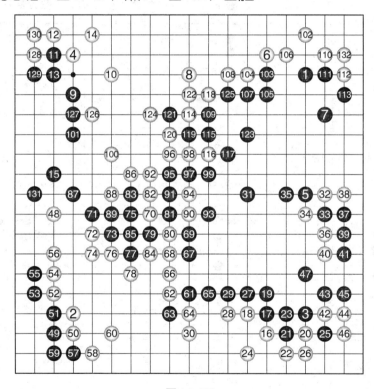

图11-27

综合练习题

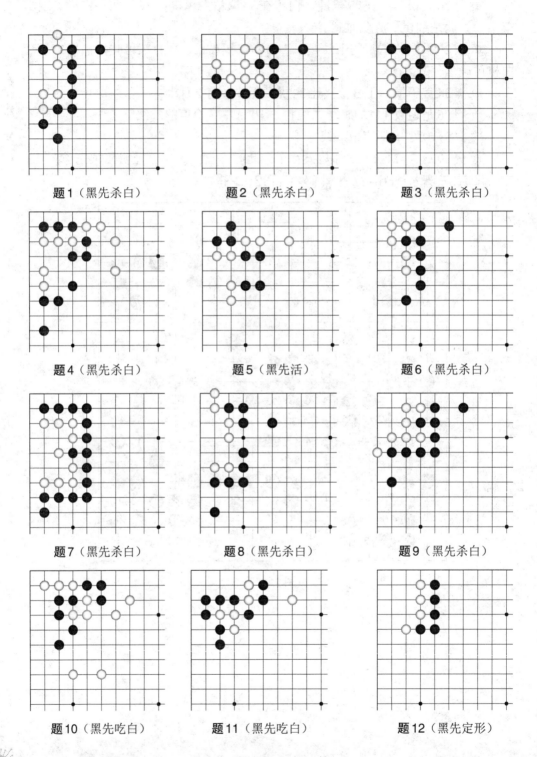

题1（黑先杀白）　　　题2（黑先杀白）　　　题3（黑先杀白）

题4（黑先杀白）　　　题5（黑先活）　　　　题6（黑先杀白）

题7（黑先杀白）　　　题8（黑先杀白）　　　题9（黑先杀白）

题10（黑先吃白）　　题11（黑先吃白）　　题12（黑先定形）

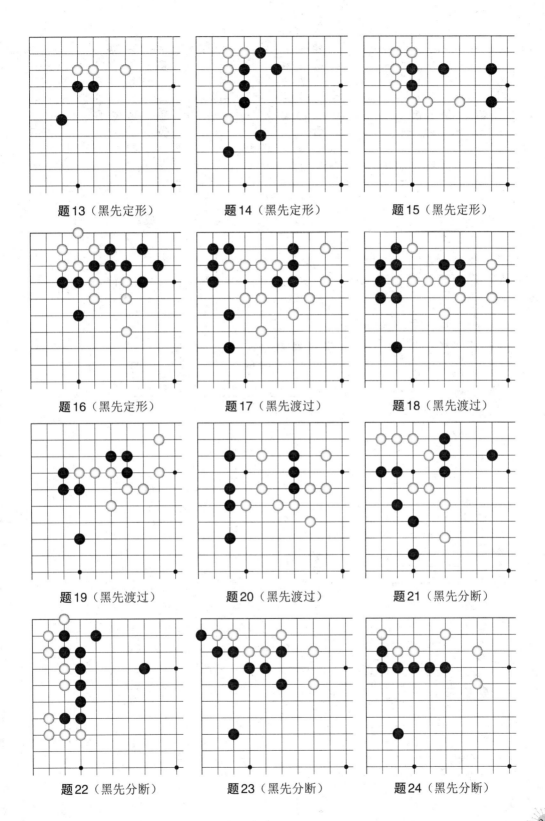

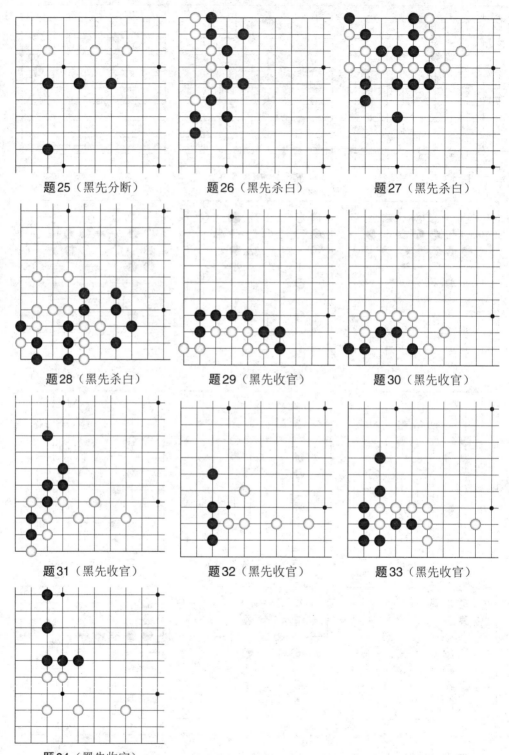

参考答案

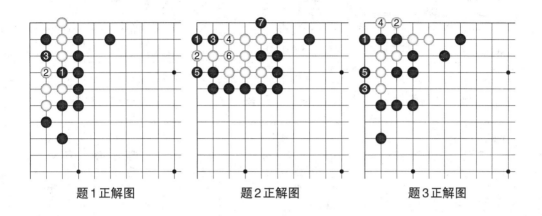

题1正解图 题2正解图 题3正解图

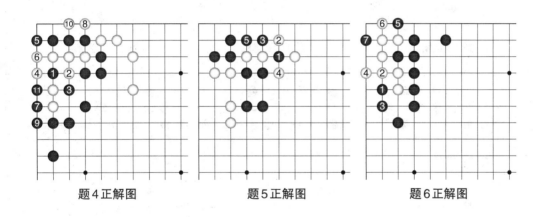

题4正解图 题5正解图 题6正解图

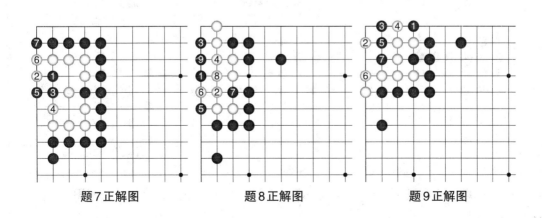

题7正解图 题8正解图 题9正解图

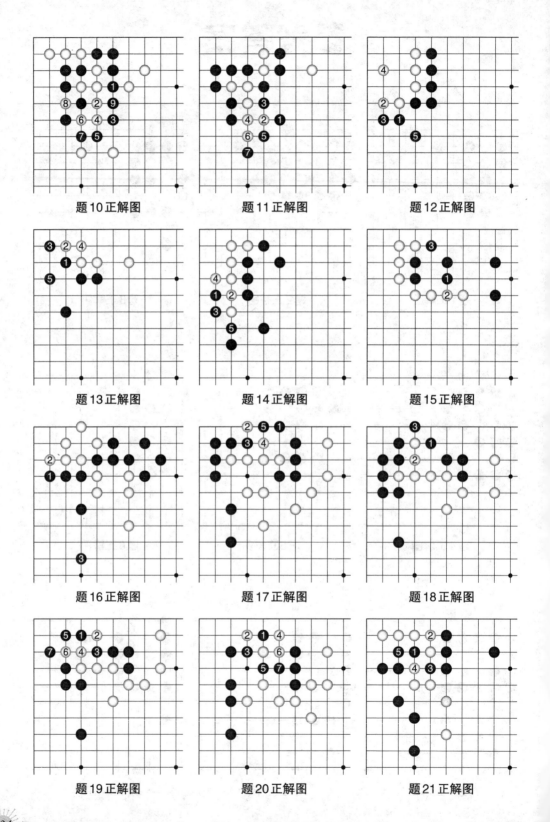

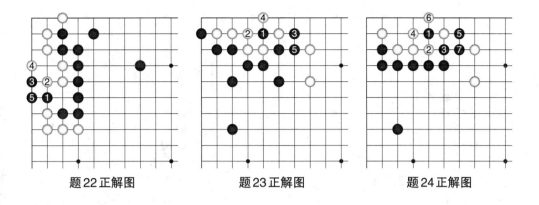

题22正解图　　　　　题23正解图　　　　　题24正解图

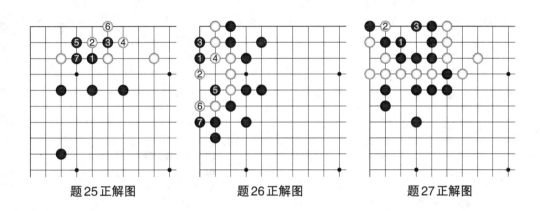

题25正解图　　　　　题26正解图　　　　　题27正解图

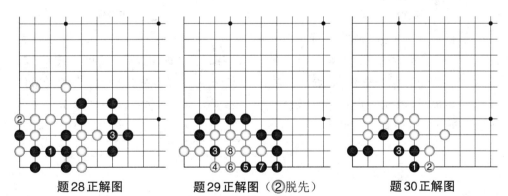

题28正解图　　　题29正解图（②脱先）　　　题30正解图

题29正解图：黑1立是收官的正着。白2脱先后，黑3断，好棋！以下至白8是双方必然的变化。黑1的价值是逆收5目。

题30正解图：黑1立是做活的正着。这样黑棋角上有5目。

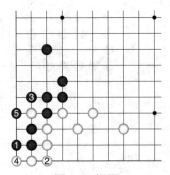

题31正解图

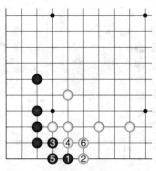

题32正解图

题31正解图：黑1立，收官的好手！白2接，黑3打吃，白4打吃，黑5提是双方正确收官次序。

题32正解图：黑1小飞，正确。白2靠，以下至白6接，黑棋先手收官。其中，黑1若在2位大飞，不好！黑棋将是后手收官。

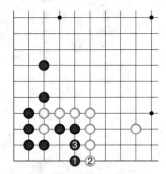

题33正解图

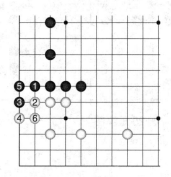

题34正解图

题33正解图：黑1跳，正确。白2立，先手，黑3接，这是双方正确的收官。其中，黑1若在3位挡，不好！白棋在1位打吃，白棋不仅获得先手，而且黑棋的目数也少了。

题34正解图：黑1立，好棋！白2挡，黑3扳、5接，黑棋先手收官。其中，黑1若在2位扳，白棋在6位挡，黑棋在1位接，黑棋后手，黑棋失败。